성숙한 어른이 갖춰야 할

좋은 심리습관

성숙한 어른이 갖춰야 할
좋은 심리습관

류쉬안 지음 | 원녕경 옮김

다연
DAYEONBOOK

PROLOGUE

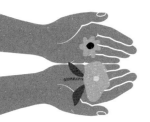

"그 많던 시간이 다 어디로 갔는지 몰라!"

이는 지난 몇 년간 사람들에게서 가장 많이 들은 푸념이다. 나이를 먹으면서 위아래로 살펴야 할 사람 또한 늘어가는데, 갈수록 자유 시간이 줄어들다 보니 상대적으로 시간이 없다고 생각하는 모양이다. 그 마음, 나도 충분히 이해한다. 그러나 어쩌면 단순히 나이를 먹어가기 때문이 아니라 이 시대 때문인지도 모른다.

우리가 살고 있는 이 시대는 어떠한가? 스마트폰이 생기면서 정보가 급증했고, 그만큼 우리의 선택지도 늘어났다. 도시락을 먹으며 뉴스를 볼 수 있게 되었고, 출퇴근 시간에 모바일게임을 즐길 수 있게 되었고, 잠들기 전 드라마를 몰아서 볼 수 있게 되었다. 어떻게 보면 시간이 없는 게 아니라 우리가 시간을 너무 빡빡하게 사용하고 있다는 얘기다.

오늘날의 이러한 환경은 사회 초년생들을 더욱 피곤하게 만든다. 예컨대 한 친구의 조카는 2년 전 학교를 졸업하고 가오슝을 떠나 베이징에서 직장생활을 시작했다. 박봉에 근무 시간은 긴 터라 그는 퇴근하면 주로 집에 틀어박혀 여자 친구와 영상통화를 하거나 온라인게임을 하는 생활을 반복하고 있다 했다. 친구는 그런 조카가 참 한심해보이는데, 한편으로는 이해되기도 한다며 이렇게 말했다.

"보고 있으면 마뜩잖은데 일하느라 진을 뺐잖아. 게다가 그렇게 지내는 것이 무슨 잘못도 아니고."

나는 나이에 상관없이 모든 사람의 마음속에는 꿈에 대한 계획과 막연한 기대, '더 나은 내가 되고 싶다'는 바람이 존재한다고 믿는다. 생각해보라. 새해가 다가올 때마다, 생일 때마다, 혹은 서점에 갈 때마다 이런 마음의 목소리가 커지지 않던가? 자기계발서를 사 책장에 꽂아놓고 그저 책 제목을 바라보는 것만으로도 자신에겐 희망이 있다고 생각하는 사람이 적지 않을 것이다.

문제는 실천에 옮기고, 습관을 바꿔야겠다고 다짐할 때마다 그 일이 너무 거창하게 다가온다는 점이다. 온전한 시간이 필요한 일인데 당장 여력이 없으니 일정만 확인하다가 결국 "휴, 나중에 하자!"하면서 차일피일 지금까지 미루어오지 않았던가?

나도 그랬던 때가 있다. 중요하지만 사소한 일들을 처리하느라 바빠 나의 성장을 소홀히 했다. 그것도 꽤 오랫동안! 그 결과 나의 삶은 무미건조해졌고, 그 속에서 나는 변화하지 못한 채 자기 합리화만 늘어놓는 사람이 되어 있었다. 변명이 습관이 되자 곁에 있는 사람들과 빈번히 부딪혔다.

그랬던 내가 스스로 답을 찾기 시작한 건 약 5년 전이었다. 그때부터 한때 대학원과정까지 밟으며 공부한 심리학을 다시 처음부터 들여다보기 시작한 것이다. 그 덕분에 나는 많은 생각을 달리하게 되었고, 이를 사람들과 나누면서 운 좋게도 많은 독자의 사랑 또한 받을 수 있었다. 그래서 지금 나는 우리 모두에게 더 나은 내가 될 힘이 잠재되어 있다고 굳게 믿는다. 요컨대 이 힘을 발휘하기 위해 가장 중요한 것은 시간이 아니라 '내가 원하면 뭐든 할 수 있어!'라는 믿음이다. 물론 이러한 믿음은 '일상 속의 작은 성공'을 통해 차곡차곡 쌓아 올린 자신감에서 비롯되어야 하며, 이를 위해서는 다섯 단계를 거쳐야 한다.

STEP 1 행동에 숨겨진 심리적 동기 이해하기
STEP 2 변화의 의도 설정하기
STEP 3 행동 교정하기
STEP 4 효과 점검하기(효과가 있다고 생각된다면)
STEP 5 성공할 때까지 시도하기

그렇다. 이 책은 우리 모두가 '일상 속의 작은 성공'을 통해 자신감을 키우고, 나아가 '내가 원하면 뭐든 할 수 있어!'라는 믿음을 갖길 바라는 마음에서 시작되었다.

물론 책을 읽다 보면 정서적 협박이라든지 유리멘탈, 가면 증후군 등의 익숙한 용어들도 있을 테고, 소거 격발, 감정 환기의 잘못된 귀인 등의 생소한 용어들도 있을 것이다. 여하튼 이것들은 일상생활 중 불쑥불쑥 튀어나오는 비이성적 행동에 숨겨진 비밀을 이해하는 데 분명 도움이 될 것이다.

아침 시간이나 출퇴근 시간 혹은 취침 전에 읽어도 좋다. 지하철을 타고 두세 정거장을 지나는 시간이면 한 장을 읽을 수 있도록 구성했으니, 자투리 시간을 활용해 생활 속 다양한 문제에 대한 심리학적 해석을 접해보기 바란다. 최소의 투자로 최대의 효과를 보길 원하는 독자들을 위해 짧은 시간에 몸매를 관리할 수 있는 '7분 전신운동(7-minute workout, 일명 7MW)'을 벤치마킹, 장마다 연습 방법도 요약해두었다(7-minute workout을 처음 접하는 독자라면 운동에 입문하기 꽤 좋은 사이트이니 한번 검색해보라. 참고로 전용 앱도 있다).

티끌 모아 태산이 되고, 낙숫물이 댓돌을 뚫는 법이다. 더 나은 자신이 되고 싶다면 매일 짬을 내 '나와 잘 지내는' 방향으로 뇌파를 조정해보라. '내가 원하면 뭐든 할 수 있어!'라고 자신에게 말해주다 보면 조금씩 그 말이 행동이 되어 성과로 나타날 것이다.

마지막으로 이 책이 완성되기까지 도움을 준 모든 이와 내게 가장 든든한 버팀목이 되어준 가족, 그리고 이 책을 선택해준 독자들에게 고마움을 전한다. 부디 이 책이 당신을 더 나은 사람으로 만들어줄 작은 씨앗이 되길 바란다.

류쉬안

유리멘탈과

이별하는

연습

01 자신을 옭아매는
부정적인 생각과 잡념에서 벗어나라

어떠한 일이든 한 걸음 물러나 중립적인 태도로 그 일을 바라보라. 그러면 자신의 마음을 들여다보고 생각을 정리할 여지가 생기고, 그만큼 충동적인 행동을 피할 수 있으며, 그렇게 조금씩 심리적 유연성을 길러 나아갈 수 있다.

몇 주 전, 친구 하나가 찾아와 요즘 아이의 일로 걱정이 이만저만이 아니라며 넋두리를 늘어놓았다. 친구는 아이의 글 읽는 속도가 아무래도 느린 듯싶어 난독증을 의심하며 아이를 매일 관찰했다고 했다. 지켜본 바, 아이는 책을 볼 때 좀처럼 집중하지 못하고, 학습 능률도 떨어졌단다.

문장 몇 줄을 읽는 데도 한참이 걸리는 아이를 보며 친구는 오만 가지 생각이 들었다고 했다.

'내가 제대로 된 본보기가 되어주지 못하고 아이의 학습 능력을 기르는 데 해가 되는 행동을 했던 건 아닐까? 좋은 습관을 길러줬어야 했는데, 그러지 못했나? 전에 아이가 아팠을 때 제대로 영양 보충을 해주지 못했는데, 혹시 그 때문에 두뇌 발달이 더뎌진 건 아닐까?'

친구는 생각하면 할수록 자신의 잘못인 것만 같아 '난 정말 하등 쓸

모없는 나쁜 엄마구나'라는 생각이 들었다고 했다. 어쩌면 단순히 아이의 컨디션이 좋지 않아서였을 수도 있지만, 친구는 아이에게 몸 상태나 기분을 물어 문제의 원인일지도 모를 요소를 찾는 대신 '자기반성'의 늪에 빠져버렸다.

물론 우리도 실패나 좌절을 맛봤을 때, 혹은 극심한 스트레스에 시달릴 때 자신에게 비난의 화살을 돌리곤 한다. 그러나 문제는 이 같은 비판적 자기반성이 꼬리에 꼬리를 물 경우, 좀처럼 그 생각을 끊어낼 수 없다는 데 있다. 다시 말해서 낮이나 밤이나 오직 그 문제에만 빠져 있다. 결국 자신의 생각에 매몰되기 십상이라는 뜻이다.

어떤 문제를 발견해 그에 대한 해결법을 찾고자 상황을 되짚어보는 행위는 일종의 자아 성찰이라고 볼 수 있다. 하지만 우리가 어떻게 해도 바꿀 수 없는 상황이나 우리의 잘못이라고 단정할 수 없는 일에 온갖 상상과 억측을 동원해 자신을 괴롭힌다면 이는 '비이성적인 반추적 사고*'에 지나지 않는다. 소가 되새김질을 하듯 비이성적인 생각을 반복해 곱씹는 행위가 하나의 습관으로 자리 잡을 경우, 이는 엄청난 악순환을 초래한다.

왜냐? 자아 성찰의 탈을 쓴 비이성적인 반추적 사고는 우울함이나 후회 같은 부정적인 감정과 자기비하를 수반하기 때문이다. 물론 끝없는 후회와 괜한 추측은 스트레스를 극복하는 데 전혀 도움 되지 않을뿐더러 오히려 스트레스를 가중시키고, 심지어 우울증이라는 굴레에 우리를 가두는 원인이 되기도 한다.

장시간 비이성적인 반추적 사고에 사로잡혀 있을 경우 자존감이 떨어지고, 자아정체감이 모호해지며, 인간관계가 갈수록 소원해져 가정과 사회에서의 역할도 제대로 해낼 수 없게 된다는 사실은 이미 여러 연구 결과를 통해 입증되었다. 다시 말하면 비이성적인 반추적 사고가 우리를 우리의 생각의 틀 안에 가둬, 곁에 있는 사람들과 건강한 상호작용을 할 기회마저 앗아간다는 얘기다.

그렇다면 이러한 사고방식이 고착화되는 것을 막기 위해 우리가 할 수 있는 일은 무엇일까? 이에 대한 답을 얻기 위해서는 먼저 우리의 생각이 어떻게 생겨나는지부터 알아볼 필요가 있다. 그럼 한번 생각해보자.

'우리의 생각은 어떻게 생겨나는가?'

우리가 어떤 일에 반응하려면 반드시 그 어떠한 일이 발생해야 한다. 그렇지 않은가? 즉, 우리가 가족의 말이나 상사의 지시 사항, 친구의 작은 실수 등과 같은 일에 주목했을 때 생각이라는 것이 생겨난다.

우리가 어떤 일에 주목하자면 그 일에 대한 직관적인 느낌을 받는데, 이에 따라 빠르게 가치평가와 판단이 이뤄지면서 자연스럽게 생각이라는 것을 갖게 된다. 사람들이 스트레스와 마주했을 때 초조함을 느끼게 되고, 이로 말미암아 부정적인 평가와 판단을 내리게 되며, 생각할수록 '도망가고 싶다' 같은 한층 더 부정적인 반응을 보이게 되는 것처럼 말이다.

그런 의미에서 비이성적인 반추적 사고를 멈추는 첫 번째 방법으로, 생각이 싹트는 첫 단계부터 손을 쓰는 일명 '사고 정지 기술'을 꼽을 수 있다. 이는 부정적인 생각이 꿈틀대기 시작할 때, 곧바로 '일시정지' 부호를 떠올려 생각에 제동을 거는 방법이다. 예컨대 도로에서 흔히 볼 수 있는 빨간색의 정지 표지판처럼 시각적으로 빠르게 자신의 주의를 환기할 무언가를 떠올리는 것이다. 그런 다음에는 자신에게 힘이 되어주었던 말이나 남이 나를 격려해주었던 기억처럼 즐겁고 긍정적인 생각을 함으로써 사고의 방향을 전환해야 한다. 이때 정신을 분산시킬 물건을 이용해도 좋은데, 이를테면 손목에 머리끈이나 고무줄을 차고 다니다 부정적인 생각이 들 때마다 이를 튕겨 잠시 생각을 끊어내는 것도 한 방법이다.

이처럼 외적 물건을 이용해 자신의 사고를 중단시키는 방법을 '빠른 이탈(Rapid Disengagement)' 기술이라고 하는데, 이 기술의 핵심은 '어떻게 주의력을 환기하느냐'에 있다. 한마디로 '빠른 이탈'이란 주의력이 모이는 순간, 자신의 주의력을 다른 방향으로 돌려 생각의 가지가 뻗어 나아가지 못하도록 차단하는 기술이다. 물론 일상생활에서 이러한 기술을 활용하기란 말처럼 쉬운 일이 아니다. 그렇기에 반복적으로 연습해야 하는데, 가능한 한 전문가의 도움을 받는 것이 좋다.

비이성적인 반추적 사고를 멈추는 또 다른 방법은 좀 더 고차원적으로 문제에 접근해 자신에게 닥친 일에 대한 느낌과 해석을 달리해보는 것이다.

요컨대 자신에게 닥친 문제를 다양한 각도로 바라보는 연습을 통해 어떻게 하면 이 문제를 그대로 수용할 수 있는지 고민해보는 방법이다. 여기서 '수용(Acceptance)'이란 부정적인 감정이든 긍정적인 감정이든 숨기거나 피하지 않고, 자신의 현재 상황과 직접적으로 마주하는 것을 뜻한다. 물론 숨기거나 피하지 않는다는 말은 더 이상 자신을 위한 핑계를 찾기 위해 과거의 경험으로 현재를 판단하지 않는다는 의미다.

우리가 흔히 얘기하는 마음 챙김(Mindfulness), 즉 내적 경험으로 현재를 판단하지 않는 비(非)판단의 방식으로 지금의 순간에 주의를 기울여 이를 있는 그대로 자각하고 받아들이는 연습 또한 '수용'의 한 개념이다.

가장 간단한 마음 챙김 연습은 눈을 감고 자신의 호흡을 느끼는 것에서부터 시작된다. 몇 번 심호흡을 한 후, 자신이 강가에 서 있고 그 강에는 머릿속을 떠다니는 생각들만큼 많은 나뭇잎이 떠 있다고 상상해보자. 조용히 강을 바라보며 자신의 머릿속을 들쑤시고 다니는 잡념들을 끄집어내 강으로 던지면 잡념들이 나뭇잎을 따라 흘러가 시야에서 사라진다고 상상해보는 것이다.

연구 결과에 따르면 꾸준한 마음 챙김 연습은 자극에 대한 생리적 또는 심리적 반응도를 낮추는 데 도움 된다. 마음 챙김 연습의 또 다른 이점은 자신에게 닥친 상황이나 감정에 판단의 잣대를 들이대지 않고 그저 마주함으로써 냉정하게 관찰하는 태도를 기를 수 있다는 것이다. 이런 연습을 하다 보면 부정적인 생각과 스트레스는 사실 우리 삶의 일부분일 뿐임을 알 수 있다. 우리 주변엔 언제나 세균이 존재하지만 우리에겐 쉽게 감염되지 않는 면역력이 있는 것처럼 말이다.

물론 중립적인 태도로 사건을 바라보면 마음을 가다듬을 여지가 생겨 충동적 행동을 막을 수 있고, 심리적 유연성 또한 높일 수 있다.

'수용'이란 먼저 사람들과 사물들을 제자리로 돌려놓고, 분류에 따른 평가가 아닌 좀 더 객관적인 방식으로 그들을 우리의 삶 속에 들임으로써 마음가짐을 재설정하는 과정이라고 할 수 있다. 피하지 않고 수용하면 오히려 쉽게 일을, 감정을 처리할 수 있다.

어쩌면 처음부터 '수용'을 하기란 쉽지 않은 일일지도 모른다. 그런 까닭에 대부분의 사람이 일명 '사고 정지 기술', 그러니까 앞서 언급했던 '빠른 이탈' 기술을 선택해 여러 주의력의 통로 중 일부를 닫고, 자신에게 무해하거나 긍정적인 무언가에 집중하려 하는 것일지도 모르겠다. 힘든 일이 있을 때 무리하게 운동하는 사람들처럼 말이다.

그러나 일시적으로 부정적인 생각에서 벗어났다 하더라도 결국 현실을 마주해야 한다. 현실을 마주해야만 부정적인 생각들에 대한 민감도를 낮춰갈 수 있기 때문이다.

그러니 당장 내 눈앞의 현실을 받아들이기 어렵더라도 매일 이러한 개념들을 상기시키며 조금씩 '수용'하는 연습을 해보자. 그저 이 개념들을 다시 한 번 떠올리고, 자신을 다잡는 것만으로도 꽤 효과적인 연습이 될 테니까 말이다.

부디 우리가 지금 함께 나눈 이 주제가 우리 자신을 좀 더 잘 이해하고, 비이성적인 감정들을 처리하는 데 도움 되기를, 그래서 어느 정도 시간이 지난 후 연습 효과를 점검해볼 즈음에는 부정적인 생각과 잡념의 굴레에서 벗어나 제법 많은 감정적 난관을 이겨낸 자신을 발견하길 바란다.

간단한 마음 챙김 연습법

STEP 1 눈을 감고 자신을 관찰한다.

STEP 2 심호흡 후, 자신이 강가에 서 있고 그 강에는 자신의 머릿속을 떠다니는 생각들만큼 많은 나뭇잎이 떠 있다고 상상해본다.

STEP 3 나뭇잎을 따라 자신의 잡념들을 강물에 흘려보낸다고 생각하며, 자신의 머릿속을 들쑤시고 다니는 잡념들을 끄집어내 강으로 던지는 상상을 해본다.

02 남들이 너무하다 탓하지 말고 내가 유리멘탈임을 인정하라

다른 사람의 피드백을 선의의 가르침으로 여기고, 발전의 기회로 삼는다면 '진짜 확고한 자신감'을 기를 수 있다.

남들이 자신을 인정해주지 않으면 불같이 화를 내며 그 어떤 비판도 받아들이지 못하는 사람, 조금만 조언을 건네도 안색이 바뀌어 종일 우울한 기운을 발산하는 사람, 자신의 신경을 거스르는 SNS 댓글에 끝까지 물고 늘어지는 사람…… 우리는 이렇게 툭하면 평정심을 잃고, 깨지기 쉬운 유리처럼 쉽게 상처나 충격을 받는 사람들을 속칭 '유리멘탈*'의 소유자라고 부른다.

사실 사람은 누구나 마음이 약해질 때가 있다. 연인에게 차였을 때, 시험을 망쳤을 때, 거절을 당했을 때, 이럴 때는 신경이 예민해져 무슨 말을 들어도 자신을 탓하는 것만 같고, 무슨 일을 해도 꼬이는 듯하며, 위로조차 곱게 들리지 않는다.

그런데 늘 이런 상태인 사람들도 있다. 물론 유리멘탈을 가졌다고 해서 이들에게 도덕적인 결함이 있는 것은 아니다. 그저 세상을 바라보는 방식이 다른 사람들과는 다를 뿐이다. 이들은 보통 사람들보다 타인의 시선이나 의견에 민감하다. 즉, 다른 사람들이 자신에게 어떤 반응을 보이느냐에 따라 이를 자신에 대한 인정 또는 부정으로 받아들여 자존감이 오르락내리락한다. 어떤 일의 원인을 판단할 때도 환경적 요소 등 기타 요소와 관계있다고 생각하는 '외적귀인'이 아닌 자신의 인격과 관계가 있다고 생각하는 '내적귀인'의 성향을 보이는 편이다.

유리멘탈을 가진 사람은 비판을 받으면 상대가 대놓고 자신의 능력이나 인격을 부정했으며, 자신을 가치 없게 여겼다고 생각해 온몸의 가시를 바짝 세운 고슴도치처럼 행동한다. 이들이 자신의 자존심을 지키기 위해 보이는 반응은 크게 두 가지다. 하나는 상대의 말에 끈질기게 반박하거나 역으로 상대를 공격하여 '네가 틀렸다. 사실 난 가치 있는 사람이다'라는 사실을 보여주려고 하는 것, 또 하나는 냉담하게 문제를 회피해버리는 것이다. 후자의 경우에는 상대와 논쟁을 벌이지도, 문제를 해결하려 하지도 않는다. 오히려 당장의 충돌을 피해 자신의 상처를 보듬을 곳을 찾으며, 때로는 자신을 부정했던 사람에게 숨어서 반격을 가하기도 한다.

'유리멘탈'은 주로 후천적으로 형성되는데, 이는 어린 시절의 성장 환경과 매우 밀접한 연관이 있다. 예컨대 학자들은 성장 시기 아이들이 부모에게 과도한 통제나 사랑을 받게 되면 온전한 자아인지를 형성할 기회를 잃어 유리멘탈을 가질 확률이 높아진다고 말한다.

그 극단적인 예의 하나가 바로 중국의 '소황제(중국 도시에서 과보호를 받으며 자란 외동아이를 일컫는 말로, 단체생활에 적응하지 못하고 성인이 되어서도 다소 이기적이고 독선적인 경향을 보인다는 평가를 받는다)'다. 일부 부모는 자식을 너무나 사랑한 나머지 아이가 무슨 짓을 해도 그저 '괜찮다'를 연발하며 타인이 아이의 행동을 바로잡아주는 것조차도 용납하지 못하는데, 이렇게 자란 아이는 성인이 된 후에도 타인의 비판을 받아들이지 못하게 된다. 또 다른 극단적인 예는 바로 소년범이다. 어려서부터 자신이 왜 혼이 나는지도 모르고 부모의 무분별한 폭언과 폭력에 시달리며 자란 아이들은 자책하는 성향을 가지게 되어 결국 자포자기의 마음으로 자신의 삶을 수렁에 빠뜨리기 십상이다.

한마디로 타인의 비판을 수용하고, 이를 자신의 성장 기회로 삼을 줄 아는 어른이 되려면 부모의 교육이 중요하다는 뜻이다. 따라서 부모는 훈육할 때, 이것이 아이의 잘못된 점을 바로잡아 더 나은 사람이 되도록 도와주는 과정임을 아이에게 분명히 알려줄 필요가 있다. 그리고 누군가 일부러 공격해온다고 생각될 때는 "네 말에 상처받았어"라고 상대에게 직접 말할지언정 빙빙 돌려 말하거나, 역으로 상대를 공격하거나, 또는 속으로 삼키며 마음에 상처를 내지 않도록 자신의 불만을 표현하는 법도 함께 가르쳐줘야 한다.

아이의 성장 과정 중 이러한 훈련이 필요한 이유는 두 가지다. 첫째, 그래야 아이가 타인에게 비판받았을 때도 심리적 유연성을 발휘해 다른 사람의 피드백을 선의의 가르침으로 여기고, 발전 기회로 삼아 '진짜 확고한 자신감'을 기를 수 있다. 둘째, 원인이 무엇이든 유리멘탈을 가지게 되면 우울과 불안, 초조감에 시달릴 뿐만 아니라 타인에게도 부정적인 감정을 전파할 수 있기 때문이다.

물론 자신이 쉽게 상처받는 타입이라고 해서 자신을 너무 못살게

굴 필요는 없다. 멘탈은 강화할 수 있으니까 말이다.

멘탈을 강화하려면 먼저 자각 능력을 키워야 한다. 그러니 다음에 누군가가 나를 공격하는 것 같아 불편한 순간이 오거든 먼저 이 불편함을 한껏 느껴보라. 안 그래도 불편한데 그 불편함을 한껏 느껴보라니, 이게 무슨 소리인가 싶을지도 모르겠다. 맞다. 그 느낌은 참으로 견디기 어려울 것이다. 하지만 내가 왜 이렇게 화를 내는지, 그럴 만한 일인지, 아니면 그저 관성적인 감정반응인지를 조금만 생각해본다면 그 불편한 느낌과 상대방의 말이 정비례하지는 않는다는 사실을 알게 될 것이다.

다음으로 입장을 바꿔 생각해보는 능력을 키워야 한다. 이를 위해서는 약간의 상상력을 발휘할 필요가 있다. 예를 들면 내가 제삼자라고 가정했을 때, 내가 어떻게 행동할지를 상상해보는 것이다. 비판의 대상이 내가 아닌 다른 사람이라면, 나는 그에게 뭐라고 조언을 건넬 것이며, 그 상황을 어떻게 처리할 것인가? 이렇게 입장을 바꿔 생각하다 보면 원래 느꼈던 감정들이 어느새 많이 누그러졌음을 알 수 있을 것이다.

입장을 바꿔 생각해보는 훈련 외에도 열린 마음을 가지려는 꾸준한 노력으로 상대의 의견을 단칼에 부정하지 않도록 해야 한다. 생각해보라. 상대를 공격해 자신에게 실질적으로 득이 될 것이 무엇일까? 또 무조건적인 회피가 자신에게 무슨 도움이 되겠는가? 어쩌면 이 같은 극단적인 행동으로 비즈니스 파트너의 감정을 상하게 할 수도, 또 친구와 가족들에게 미움을 살 수도 있다. 이 때문에 일할 기회나 사람을 잃는다면, 얼마나 안타까운 일인가?

그런 다음에는 상대의 말이 정말 좋은 충고는 아닌지 다시 생각해 봐야 한다. 만약 상대가 정말 나에게 좋은 충고를 건넨 거라면 자신을 낮춰 대범하게 대꾸해보라.

"정말 좋은 충고다. 앞으로 명심할게."

이는 결코 자신의 약점을 드러내는 행동이 아니다. 오히려 넓은 도량을 드러내며, 이성적으로 옳고 그름을 분별하고, 과감하고 깔끔하게 일을 처리하는 사람이라는 인상을 심어줄 수 있다. 또한 상대 의견을 인정함으로써 충돌 발생의 확률을 낮추고 호감을 높일 수 있다. 그저 "네 의견을 받아들일게"라는 말 한마디로 이렇게 많은 이점을 얻을 수 있다니, 기꺼이 시도해볼 만하지 않은가?

마지막으로 자신의 일 처리방식과 가치관에 대해 분명히 생각해봐야 한다. 자신의 입장이 무엇인지를 잘 생각해야 한다는 말은 곧 소통하는 법을 배워야 한다는 뜻이다. 상대가 나와 다른 입장을 가졌다면, 그 다름을 표현할 줄 알아야 한다. 상대의 어떤 의견이 자신의 원칙에 어긋난다거나 상대가 지나치게 주관적인 의견을 내세운다고 판단된다면, 감정적으로 어깃장을 놓을 것이 아니라 명확한 논리를 가지고 그와 대화를 해야 한다. 요컨대 상대의 생각을 지나치게 확대해석할 필요도, 감정적으로 대할 필요도 없다. 상대의 반응과 의견이 우리의 발전을 돕는 자양분이 되어줄지도 모르니까 말이다.

한편 유리멘탈을 가진 사람을 대할 때는 먼저 상대를 인정하고 그런 다음 다시 의견을 제시해 단편적인 논쟁은 되도록 피하며 '이는 너 자체와 무관하다'라는 점을 상기시키는 소통의 기술이 필요하다. 만약 상대가 나의 말에 반격을 가하며 자신의 주관을 고집한다면 '소통에는 적절한 시기가 필요하다'는 원칙을 기억하자. 상대의 생각을 돌려놓기 가장 어려울 때가 바로 당장 의견 충돌이 발생한 때이기 때문이다. 그러므로 이럴 때는 기지를 발휘해 문제 해결 방법부터 생각해야 한다.

'유리멘탈을 가진 상대에게 나의 조언이 필요할까?'라고 자문해봐도 좋다. 정말로 상대를 변화시키는 것이 자신의 의무라고 생각된다면 서로 차분한 마음을 가지고 있을 때, 논쟁이 벌어지지 않았을 때, 개인적으로 그와 이야기를 나눠보라. 부디 이 같은 조언이 당신의 감정반응을 좀 더 유연하게 만들길, 소통함에 따라 체면과 내실을 모두 고려해 지혜롭게 유리멘탈을 극복하길 바란다.

매일
3분
습관

멘탈 강화 연습법

STEP 1 자각 능력을 키운다. 조금만 더 생각을 해보면 자신이 느끼는 불편한 느낌과 상대방의 말이 정비례하지는 않는다는 사실을 알 수 있다.

STEP 2 입장을 바꿔 생각해보는 연습을 한다. '내가 제삼자라면 어땠을까?'라고 가정해봐도 좋다.

STEP 3 누군가가 나를 비판할 때는 되도록 열린 마음으로 상대의 의견을 단칼에 부정하지 않도록 한다.

STEP 4 자신의 일 처리방식과 가치관에 대해 분명히 생각해본다. 상대의 생각을 지나치게 확대해석하지도, 감정적으로 대하지도 말고 소통하는 법을 배운다.

03 좋은 사람이 되고 싶은 마음, 부족한 자기애가 우리를 정서적 협박에 휘둘리게 한다

먼저 자기 자신을 돌보고 자신과 잘 지낼 줄 알아야, 진정으로 다른 누군가를 사랑할 수 있다.

당신은 정서적 협박을 받아본 경험이 있는가?

물론 납치를 당하거나 공갈, 협박에 시달리는 것이 흔히 경험할 수 있는 일은 아니다. 그러나 우리가 미처 알지 못하는 사실이 있다. 바로 우리의 일상생활에서 나와 당신 모두 또 다른 형식의 협박을 받은 적이 있거나, 지금도 협박에 시달리고 있을지도 모른다는 사실이다. 우리에게 협박을 가하는 사람들은 우리가 가진 돈이나 목숨을 욕심내지 않는다. 그러나 그들의 말 한마디는 우리에게 아픔과 죄책감을 안기고, 좋았던 기분을 순식간에 시궁창에 빠뜨리기도 한다.

"넌 어쩜 그렇게 이기적이니? 내가 널 위해 해준 게 얼만데, 내 부탁을 거절해?", "내가 널 이렇게 사랑하는데, 어떻게 날 무시할 수가 있어?", "네가 정말 그렇게 한다면, 콱 죽어버릴 거야!" 등등 그들이 내뱉는 말 한마디, 글자 하나하나가 우리의 심장을 움켜쥐고, 우리의 목을 비트는 거칠고 드센 손이 되어 우리의 숨통을 조인다. 심리학자들은 이러한 현상을 '정서적 협박(Emotional Blackmail)*'이라고 부른다.

'정서적 협박(또는 감정적 억압)'은 1997년 미국의 심리학자 수잔 포워드 박사가 처음으로 사용한 용어다. 1998년엔 그녀와 도나 프레이지어가 함께 출간한《협박의 심리학》이 센세이션을 일으켰다. 최근엔 타이완의 심리 상담사 저우무쯔가《정서적 협박에서 벗어나라: 내 마음을 옭아매는 영혼의 감옥》이라는 책을 냈는데, 중국어권˙ 시장에서 '정서적 협박'이라는 용어가 핫이슈로 떠오르기도 했다.

'정서적 협박'은 비정상적인 인간관계에서 비롯된다. 협박자는 항상 무리하고 불합리한 요구와 위협, 압박, 침묵 등을 통해 자신에게 가까운 사람들, 혹은 자신의 인생에서 중요한 사람들에게 좌절감과 죄책감, 두려움, 부끄러움 등을 안김으로써 소기의 목적을 달성하고자 한다. 그러나 때로는 어떤 목적을 달성하기 위해서가 아니라 그저 '습관'적으로 정서적 협박을 가하기도 하는데, 이러한 상황이 반복되면 협박을 받는 사람들조차도 그런 대우를 당연시하게 된다.

시쳇말로 '협박'이 먹히는 이유는 협박을 받는 사람이 상대와의 관계를 유지하고 싶어 하기 때문이다. 그렇기에 피해자들은 자신에게 생채기를 내면서까지 상황에 타협하고, 상대에게 순종하는 방법을 택한다. 왜? 보통 정서적 협박자들은 말 한마디로 우리의 기분을 나락으로 떨어뜨리고, 한숨 한 번으로 당장의 감정을 좌지우지할 만큼 우리에게 중요한 사람, 예컨대 부모나 선생님, 친구, 연인, 또는 배우자이기 때문이다.

협박자들은 대개 "나는 또 ~인 줄 알았더니", "괜찮아! 어차피 넌 신경도 안 쓰는걸, 뭐", "너도 알고 있었구나?" 하는 식의 말들로 운을 뗀다. 예를 들어 타지에서 직장생활을 하다 모처럼 집으로 돌아온 당신에게 어머니가 이런 말을 한다고 가정해보자.

"아이고! 네 나이가 벌써 몇인데 얼른 결혼해야지. 옆집 애를 좀 봐라. 마흔이 다 되도록 싱글이니 어디 시집이나 가겠니? 너는 절대 그렇게 되면 안 돼. 여자는 시집을 가야 인생의 이 막이 열리는 거야! 그러니까 전에 소개받았던 의사 집안 아들이랑 잘해봐. 엄마가 다 너 잘되라고 하는 소리니까 나중에 후회하지 말고 엄마 말 들어!"

어떤가? 스트레스가 가중되는 기분이지 않은가? 어쩌면 깊은 한숨과 함께 피곤하다는 말이 절로 나올지도 모르겠다.

정서적 협박의 본질은 해당 관계가 매우 중요하다고 인정하는 데 있다. 가족관계, 고부관계, 연인관계, 친구관계, 심지어 고용관계에도 정서적 협박이 이뤄질 수 있다. 우리가 이러한 관계를 의식하는 한 상대는 '관계의 결렬'을 무기로 얼마든지 우리를 위협할 수 있고, 우리가 이러한 위협에 대처하는 방법을 모르는 한 상대는 우리를 조종해 자신들이 원하는 목적을 달성할 수 있다. 요컨대 우리가 정서적 협박에 시달리는 이유는 우리가 그 관계를 중시하는 착한 평화주의자이기 때문이다.

'정서적 협박'은 남을 자신의 통제하에 두고자 하는 강렬한 욕망이 만들어낸 일종의 심리 게임 혹은 전략으로, 그 시작은 한 사람의 성장 과정과 연관이 있다. 어린 시절 나를 돌봐주고, 항상 나와 함께했던 사람이 독립적 주체로의 성장을 응원하는 대신 나와 그 자신을 하나로 묶어 지나친 사랑을 쏟는 동시에 부채감을 안겨주었다면, 그래서 상대와 조금만 거리를 두거나 반항을 해도 이내 죄책감에 휩싸이게 되고, 이러한 죄책감을 다시 상대와의 친밀도와 결부해 생각하게 되면서 저도 모르게 정서적 협박자가 되어버리는 것이다. 왜? 자신도 그렇게 자랐기 때문이다. 그래서 일단 권력을 손에 쥐면, 자신을 협박하던 누군가와 똑같이 다른 사람에게 압박을 가하는 것이다. 정서적 협박자는 상습적으로 사용하는 위협의 방식에 따라 몇 가지 유형으로 나눌 수 있는데, 능동적 공격성이 높은 유형부터 살펴보자면 다음과 같다.

먼저 첫 번째 유형은 자신이 원하는 대로 해주지 않으면 자신도 그에 상응하는 행동을 할 것이라고 노골적으로 협박하는 처벌형 협박자다. 예컨대 이들은 "지금 당장 돌아오는 게 좋을 거야. 그렇지 않으면 집에 아예 못 들어오게 문을 걸어 잠가버릴 테니까"라고 말을 하거나 "지금 당장 나타나지 않으면 우린 끝이야!", "네가 내 말을 듣지 않으니, 나도 너 같은 자식은 필요 없어!"라고 말하는 식이다.

두 번째 유형은 자신이 원하는 대로 해주지 않으면 자기 자신을 학대할 것이라고 위협하는 자해형 협박자다. 이들은 주로 "지금 당장 돌아와. 그렇지 않으면 네가 돌아올 때까지 안 자고 기다릴 테니까" 또는 "내 말대로 안 하면, 콱 죽어버릴 거야!" 하는 식의 화법을 쓴다.

세 번째 유형은 책임 전가형 협박자다. 이들은 전혀 상관없는 일이나 인과관계가 부족한 일들을 무기로 내세우는 데 선수다. 예를 들면 "봐, 네가 말을 안 들어서 엄마랑 아빠가 싸우게 됐잖아!", "오늘 내가 넘어져서 다친 건 어젯밤에 네 걱정을 하느라 잠을 제대로 못 자서야. 이게 다 너 때문이야!"라고 말하는 식이다.

네 번째 유형은 피해자 코스프레형 협박자다. 책임 전가형 협박자와 유사하지만 이들은 주로 원망의 형식을 빌려 소극적으로 자신의 감정을 토로한다. 우회적인 표현을 즐겨 사용하기 때문에 이들이 협박으로 하고자 하는 말이 무엇인지를 파악하는 일은 온전히 듣는 이의 몫이다. 예컨대 이들은 이렇게 말한다.

"난 자식 교육도 제대로 하지 못한 정말 형편없는 인간이야! 그러니 애들이 집에서 기다리는 사람은 생각도 안 하고 매일 늦게 들어오지. 애들이 날 안중에도 두지 않는 건 전부 내 잘못이야."

다섯 번째 유형은 도덕성 강요형 협박자다. 이들은 온갖 도덕적 관념을 입에 달고 산다.

"부모님 연세도 있는데, 그분들 생각도 해야지."

"네가 이렇게 이기적으로 굴면 안 되지! 애써 키워놨더니 부모님을 떠나 그 멀리서 일을 구하겠다고? 돌아와서도 좋은 일자리는 찾을 수 있잖아! 곁에 있어드리는 게 효도야. 안 그래?"

우리 사회에서는 이같이 정서적 협박을 가하고, 또 협박을 받는 사람들을 흔히 찾아볼 수 있다. 특별히 사회적 역할을 중시하는 문화적 배경 탓에 다들 어느 정도는 부모님께 효도하는 착한 아들, 딸, 남들이 부러워할 만한 이상적인 부부 또는 연인, 붙임성 좋은 친구, 맡은 바 책임을 다하는 성실한 직원이 되고 싶어 하기 때문이다. 달리 말하면 우리 스스로 역할에 따른 의무를 다해야 마땅하다는 생각을 하고, 또 사회적으로도 이런 특정 역할을 해야 한다는 분위기가 형성되어 있기에, 이를 빌미로 우리에게 죄책감을 안기고 더 나아가 서로 간의 관계를 제멋대로 주무르려는 사람이 생겨난다는 뜻이다. 한마디로 자신이 맡은 역할을 의식하며 상대와의 관계를 중요시하는 우리의 마음이 우리를 정서적 협박이라는 덫에 빠뜨리고, 고통의 굴레에 가두는 것이다.

그렇다면 정서적 협박 앞에서 우리는 어떻게 해야 할까? 상황에 따라 민감하고 난해한 부분이 많긴 하지만, 그래도 생활 속에서 정서적 협박의 비중을 줄여나가는 방법은 있다.

먼저 가장 중요하기도 한 첫 번째는 정서적 협박자와 '이치'를 논할 수 없음을 인지하는 것이다. 그들은 '이치'가 아니라 '정'을 앞세운 사고방식과 설득 기술을 가지고 있기에 '이치'를 따져 그들의 스타일을 바꾸려고 한들 아무 소용이 없다. 그렇기에 이미 오랫동안 협박에 시달려왔다면 먼저 자신의 관성적 사고방식부터 바꿔야 한다. 서둘러 반응을 보이지 말고 잠시 멈춰 자신의 마음을 들여다보는 시간을 가져야 한다는 뜻이다. 정서적 협박에 시달리는 사람들은 대부분 좋은 사람이 되고 싶어 하고, 인정에 목말라하며, 지나치게 남을 의식하고, 끊임없이 자기 자신을 의심하는, 한마디로 자신감과 자기애가 부족한 사람들이기 때문이다. 먼저 자기 자신을 돌보고, 자신과 잘 지낼 줄 알아야 진정으로 다른 누군가를 사랑할 수 있는 법이다. 억울함을 감내해 사랑을 얻을 수 있다고 생각한다면 이는 큰 착각이다. 당신이 믿는 그 '사랑'은 진짜 사랑도 아닐뿐더러 당신의 마음에 상처를 남기고, 어쩌면 그다음 세대에게까지 상처를 안길지도 모른다.

다음으로 협박자를 대할 때는 반드시 '정서적 경계'를 설정해야 한다. 상대를 아무리 사랑하고, 또 아무리 중요하게 생각할지라도 상대의 감정까지 책임질 필요는 없다. 그러니 상대의 자극과 고육책과 지탄과 억지에도 자신만의 경계를 지키며 협박자의 공격이 완화될 때를 기다릴 필요가 있다. 그런 다음 다시 상대와 이야기를 나눠 나도 그와 '함께' 문제를 해결해나가길 원한다는 사실을 알려야 한다.

사실 정서적 협박은 끊임없이 반복되는 악순환과 같다. 그 때문에 이를 끊어내는 데에는 반드시 장애물이 있을 수밖에 없다. 하지만 악순환에도 연결고리가 있게 마련이다. 더 이상 자신의 방식이 먹히지 않는다는 사실을 상대가 깨닫는다면, 그리고 우리의 원칙과 경계가 파고들 틈 없이 견고하다면, 상대는 우리를 대하는 방식을 달리해야겠다고 생각하게 될 것이다.

마지막으로 '사랑'하는 사이에 대한 새로운 정의가 필요하다. 정말로 서로를 사랑하는 사이라면 "네가 떠나면 죽어버릴 거야"라고 집착의 굴레를 씌울 것이 아니라 "네가 있어서 내 삶이 더욱 아름다워졌어"라며 서로의 존재를 존중하고 축복해줄 수 있어야 한다. 우리에게 정말로 정서적 협박을 가할 수 있는 사람 혹은 우리로부터 정서적 협박을 받을 수 있는 사람은 결국 우리와 가장 가깝고, 또 소중한 사람들이다. 그러니 더 이상 빗나간 '사랑'에 자신을 가둬, 자기 자신조차 사랑하지 못하는 사람은 되지 말자. 앞에서도 언급한 바와 같이 정서적 협박은 내적 불안에서 비롯된다. 그러니 내게 중요한 그에게, 또는 그녀에게 내가 너와 함께 어려움을 헤쳐 나아갈 테지만, 올바른 방법을 사용해야만 함께 손을 잡고 맞서나갈 수 있다는 사실을 분명히 알려라.

정서적 협박의 악순환에서 벗어나는 법

STEP 1 〜〜 정서적 협박자와는 '이치'를 논할 수 없음을 인지해 서둘러 반응을 보이기보다는 잠시 멈춰 자신의 마음을 들여다보는 시간을 갖는다.

STEP 2 〜〜 '정서적 경계'를 설정한다. 상대를 아무리 사랑하고, 또 아무리 중시하더라도 상대의 감정까지 책임질 필요는 없다.

STEP 3 〜〜 자신의 원칙과 경계를 견지한다. 상대가 파고들 빈틈을 차단한다면 상대는 우리를 대하는 방식을 달리해야겠다고 생각할 것이다.

STEP 4 〜〜 '사랑'하는 사이에 대한 새로운 정의를 내린다. 정말로 사랑하는 사이라면 "네가 떠나면 죽어버릴 거야"라고 집착의 굴레를 씌울 것이 아니라 "네가 있어서 내 삶이 더욱 아름다워졌어"라며 서로의 존재를 존중하고 축복해줄 수 있어야 한다.

04 표리부동은
정서적 공격의 일종이다

수동공격성 행동 패턴에 빠지지 않으려면 섣불리 화를 내지 말고 심호흡으로 마음을 가라앉히되 정말로 화가 났을 때는 화를 끓이지 말아야 한다.

몇 해 전, 아시아권에서 흥행 돌풍을 일으킨 타이완표 청춘 로맨스 영화가 있었다. 1990년대에 학창 시절을 보낸 남녀 주인공의 풋풋한 사랑 이야기에 카세트테이프며 5:5 가르마, 유덕화 등 복고 모드를 버무려 관객의 아날로그 감성을 한껏 자극했던 영화, 바로 〈나의 소녀 시대〉다. 이 영화는 "'아무 일 없어'라는 말은 '나 무슨 일 있어!'라는 뜻이고, '상관없어'라는 말은 '상관있어'라는 뜻이야"라는 명대사까지 남겼다.

영화 속 여주인공은 여자의 마음에 관해 이야기하며 이런 명대사를 읊었지만, 사실 이렇게 말과 속마음이 다른 경우는 남녀 모두에게서 찾아볼 수 있다. 때로는 상대에게 자신의 불만이나 미움을 표출하는 방법으로 일부러 이런 마음에 없는 소리를 하기도 하는데, 이처럼 다분히 고의적이며 공격성을 띤 표리부동함을 일컬어 '수동공격성

(Passive Aggression)[*]이라고 한다.

사실 '수동공격성'은 애초에 남성에게만 사용되던 단어였다. 제2차 세계대전 당시, 전쟁에 반대해서 혹은 다른 이유로 상관의 명령에 불복종하고 싶지만, 그렇다고 공개적으로 거부하지도 못했던 일부 병사가 일부러 비능률적인 모습을 보이거나 시간을 끄는 방법으로 남몰래 지시를 거스르는 일이 있었다. 당시 미 육군 수뇌부는 이를 '군대의 압력'에 대한 병사들의 반응이라 생각했다. 그리고 훗날 심리학자들은 이러한 현상을 일반인들에게 원용해, 생각이나 감정을 솔직하게 표현하지 못하고 대인관계에서 수동공격적인 행동패턴을 나타내는 일종의 성격장애로 정의했다.

반세기가 지나 1990년대에 접어들어서, 그러니까 린전신(〈나의 소녀시대〉 여주인공)이 고등학교에 다니던 시절이 돼서야 더 이상 '수동공격성'을 성격장애로 분리하지 않게 된 셈이다. 왜냐? 생각보다 다양한 계층의 많은 사람에게서 이러한 행동을 엿볼 수 있었고, 일반인들도 이러한 경향을 보일 때가 있었기 때문이다.

아마 우리도 집에서, 학교에서 또는 직장에서 이런 사람들을 본 적이 있을 것이다. 우리의 요청에 "알겠다"라고 대답해놓고, 전혀 행동에 옮기지 않는 사람, 우리를 대할 때 친절과 무시를 오가는 사람, 비아냥대는 말을 해놓고 우리가 진짜로 화를 내면 농담이었다면서 발뺌하는 사람, 고의인 듯 아닌 듯 중요한 일을 까먹는 사람⋯⋯.

물론 이런 사람들 중에는 단순히 건망증이 심하거나 변덕이 죽 끓듯 한 이가 있을지도 모른다. 그러나 이들이 우리에게 소극적인 공격을 가하고 있다는 가능성 또한 배제할 수 없다.

그렇다면 이러한 성격적 특징은 어떻게 형성되는 걸까? '미운 사람에게도 불쌍한 구석이 있게 마련'이라는 옛말처럼 사람이 수동공격성을 가지게 되는 이유는 보통 그의 성장 배경과 연관이 있다. 어린 시절 부모에게 자신의 의견을 피력했다가 혹은 부모의 뜻을 거슬렀다가 심한 벌을 받은 적이 있다면, 당시의 안 좋았던 기억이 미래의 대인관계에까지 영향을 미쳐 소심한 사람이 될 수 있다는 뜻이다.

우리가 흔히 가정을 1차적 사회화 기관이라고 말하는 이유는 여기에 있다. 제대로 된 소통을 할 줄 몰라 그저 울며 보채기만 하는 어린 시절엔 울며 보채는 것이 곧 부정적인 감정을 표현하는 방식이다. 그런데 어떤 부모들은 아이의 칭얼거림을 용납하지 않으며 아이에게 어른스러워지기를 요구하기도 하는데, 사실 이는 아이의 분노 표출을 제한하는 행동이다. 물론 이 경우 대부분의 아이는 부모에게 환심을 사고자 그들의 요구를 따른다. 문제는 이러한 상황이 계속 반복되다 보면 억눌려 있던 부정적인 감정이 다른 방식으로 분출된다는 사실이다.

그리고 때로는 부모들이 옳다고 믿는 생각들이 오히려 아이에게 안 좋은 영향을 끼치기도 한다. 예를 들어 아이가 다른 이와의 경쟁에서 졌을 때, 서러워하는 아이에게 부모가 '승패는 중요하지 않다'라고 말하는 경우가 그렇다. 이는 본래 매우 긍정적인 사고지만 그저 아이가 '성숙'하게 승패를 대하길 바라며 마음속 불만을 표출할 기회를 주지 않는다면, 결국 억눌려 있던 감정이 수동공격성으로 변할 수밖에 없다.

혹은 통제 욕구가 강한 부모나 권위적인 부모, 아이를 너무나 사랑하지만 아이의 진정한 욕구는 신경 쓰지 않는 부모 등이 모두 '수동공격성'을 가진 아이를 만들 수 있다.

과거 타이완에 '모든 사람의 마음에는 경총이 있다'라는 말이 있었는데, '수동공격성'을 가진 사람의 마음이 바로 이렇다(참고로 여기서 '경총'은 경비총사령부의 줄임말이다). 그들은 공개적으로 자신의 생각이나 의견, 호불호를 표현하려고만 하면, 저도 모르게 두려움을 느낀다. 마치 비밀경찰이 그들의 머릿속에서 "그렇게 생각하면 안 되지. 그렇게 말하고, 그렇게 행동하는 건 더더욱 금물이야"라며 단속이라도 하듯이 말이다.

하지만 그들은 여전히 '이렇게 생각하고, 이렇게 행동하는 게 뭐 어때서?'라는 마음을 가지고 있고, 그렇기에 우회적인 방법으로 자신의 입장을 표현할 수밖에 없는 것이다. 누군가에게 지적을 받으면 자신은 그런 뜻이 아니었다며 부인할 수 있도록 말이다.

"나 화 안 났어!", "난 아무래도 괜찮아!", "문제없어!" 등등 그들은 입버릇처럼 이렇게 말을 하지만 실은 문제가 아주 많다.

수동공격성을 지닌 사람은 심각한 '미루기 환자'이기도 하다. 왜냐? 그들은 결코 그 일을 하기 싫다는 말을 하진 않지만, 결국 다른 사람들이 못 견뎌 하며 대신 팔을 걷어붙일 때까지 일을 미루고 또 미뤄 결국 하고 싶지 않았던 그 일을 피해 가기 때문이다.

아마 학교에서 조별과제를 하다 다들 한 번쯤은 이런 사람들을 만나봤을 것이다. 처음에는 굉장히 협조적인 모습을 보이지만 얼마 못 가 이런저런 핑계를 대며 모임에 빠지기 일쑤이고, 심지어 PPT 작업에도 참여하지 않아 다른 팀원들이 그의 몫까지 떠안아야 하며, 발표

때는 지각을 하거나 갑자기 아프거나 하는 사람 말이다. 우리는 이들을 나태하고 믿음직스럽지 못한 사람이라고 말할지 모르지만, 실은 그들에게 소극적인 공격을 당한 것인지도 모를 일이다.

실시간으로 메시지를 주고받을 수 있는 인스턴트 메신저가 발달한 요즘은 메시지에 사용하는 단어나 어휘, 문장부호, 심지어 이모티콘 속에서도 수동공격성을 드러낼 수 있다.

예컨대 남자가 퇴근하고 집에 돌아올 때 맞춰 이런 메시지를 보냈다고 가정해보자.

'자기야, 집에 오는 길에 무가당 요거트 좀 사다 줄 수 있을까?'

이에 그가 '그래!'라고 느낌표를 붙여 답문을 보냈다면, 이는 아무 문제가 없다. 그러나 그가 '그래……'라며 말줄임표를 붙였다면 얘기가 달라진다. 똑같이 '그래'라는 대답이라도 뒤에 느낌표를 붙이느냐 말줄임표를 붙이느냐에 따라 뉘앙스에 큰 차이가 있다. 비록 둘 다 알겠다는 뜻이지만 후자의 경우 마지못함이 내포되어 있기 때문이다.

이렇게 되면 결론적으로 남자가 요거트를 사다 주느냐 마느냐는 더 이상 중요한 문제가 아니게 된다. 그보다도 여자가 남자의 마음에 문제가 있음을 알아차리게 된다는 사실이 중요하기 때문이다. 이때 여자도 수동적이고 소극적인 성격이라면 앞으로 더 이상 남자에게 요거트를 사달라는 부탁은 하지 않을 것이다. 하지만 그에게 '내가 요거트 사러 갈 테니까, 집에 오면 알아서 저녁밥 데워 먹어'라는 답문을 보낸다면, 그러고는 ㅡㅡ(무표정을 나타내는) 이모티콘을 덧붙여 남자와 똑같이 언짢음을 표현한다면, 이는 하나의 악순환이 될 가능성이 크다. 물론 연인 사이에 이런 악순환이 생기면 좋을 것이 하나 없다. 그러므로 자신의 연인이나 가족, 친구, 동료가 당신에게 소극적인 공격을 가해온다면 절대 이를 똑같이 갚아주려 하지 말아야 한다.

그렇다면 우리는 수동공격성을 띤 사람들을 어떻게 대해야 할까? 어쩌면 똑같이 상대를 공격하는 것이 가장 '직접적'인 방법일 수 있다. 하지만 그랬다간 괜한 사람을 잡을 수도 있다. 상대를 대할 때 가장 먼저 선행되어야 하지만, 가장 어렵기도 한 것이 바로 수동공격성을 띤 행동을 분별해내는 일이기 때문이다. 앞서 언급한 예시들이 모두 수동공격성을 띤 행동에 해당할 수도, 그렇지 않을 수도 있다는 얘기다.

그런 의미에서 우리는 반드시 '혐의자'의 동기 또는 욕구를 찾아내야 한다.

일반적으로 수동적이거나 소극적인 사람은 자신의 욕구보다 다른 사람의 욕구를 우위에 두지만 수동공격성을 지닌 사람은 이와 정반대다. 그들은 자신의 욕구가 더 중요하다고 생각한다. 그러나 이를 대놓고 표현하지 않고 우회적인 방식으로 목적을 달성하고, 심지어 다른 사람을 조종하기도 한다.

그러므로 수동공격성이 의심되는 행동의 빈도를 계산해 그들의 동기를 파악할 필요가 있다. 이를 위해서는 자신이 한 말과 상대가 한 말을 기록하며 그의 말이 아닌 행동에 주의를 기울여야 한다. 그렇게 상대가 수동공격성을 띤 행동을 한다고 판단되면 분명하게 경계선을 설정하고, 그가 한 말과 행동 사이의 차이를 짚어 만약 그가 같은 실수를 저지른다면 나는 이를 용납하지 않을 것임을 분명히 그에게 알려야 한다.

그 자리에 다른 사람이 함께 있다면 제삼자를 앞에 둔 상태에서 그에게 물어라.

"너 무슨 생각해?"

"무슨 불만 있는 거 아니야?"

필요하다면 '그런 행동'에 대한 경고를 해도 좋다. 지금 당장은 이득을 보는 것 같겠지만 결국 더 큰 대가를 치르게 될 거라는 사실을 말이다.

마지막으로 가장 중요한 한 가지는 섣불리 화를 내지 말아야 한다는 것이다. 수동공격을 받으면 얼마나 화가 나는지는 나도 잘 안다. 그들은 절대 자기 잘못을 인정하지 않을뿐더러 가끔은 오히려 자신이 피해자인 척하니 어찌 화가 나지 않겠는가! 하지만 그들에게 화를 내봐야 아무 소용이 없다. 그러니 누군가에게 수동공격을 받았다면, 심호흡으로 마음을 가라앉혀라. 무엇보다 중요한 점은 정말 화가 날지라도 화를 끓여서는 안 된다는 것이다. 그렇게 되면 스스로 수동공격성 행동패턴에 빠질 수도 있다.

수동공격성을 띤 행동을 분별할 수 있게 되었다면, 우리도 행여 남에게 수동공격을 가하고 있지는 않은지 우리 자신을 되돌아볼 차례다. 항상 자신의 욕구를 억누르고 있다면 조심해야 한다. 때로는 유교 사상에서 강조하는 다섯 가지 덕, 그러니까 '온화, 선량, 공경, 절검, 겸양'이 수동공격성을 띤 성격을 형성하기에 딱 좋은 온상이 되니까 말이다.

수동공격성 행동패턴에 빠지지 않는 방법

STEP 1 ·🐾 수동공격성이 의심되는 행동의 빈도를 계산해본다.

STEP 2 ·🐾 자신이 한 말과 상대가 한 말을 기록하며 그의 말이 아닌 행동에 주의를 기울인다.

STEP 3 ·🐾 마음의 경계선을 명확하게 설정한다.

STEP 4 ·🐾 섣불리 화를 내지 말고 심호흡으로 마음을 가라앉힌다. 정말 화가 날지라도 수동공격성 행동패턴에 빠지지 않으려면 절대 화를 끓이지 않도록 한다.

05 불편한 감정을 억누르지 않아야
내 안의 분노와 평화롭게 공존할 수 있다

인적 없는 해변처럼 마음이 편해지는 곳에 있다고 상상해보라. 그리고 냉정을 되찾을 때까지 그 기분을 온몸으로 느껴라.

대학 시절 연기 수업을 들은 적이 있다. 당시 우리를 가르쳤던 선생님은 공연계에서 잔뼈 굵은 베테랑 연기자였다. 즉흥 연기며 상황극 수업도 좋았지만, 무엇보다 가장 인상 깊었던 건 그녀가 가르쳐준 전혀 다른 두 가지 방식의 연기법이었다.

그중 하나는 내면에서 외면으로 감정을 확장하는 연기법으로 우리가 익히 들어왔던 '메소드 연기'가 그것이다. 예컨대 실제로 가족을 떠나보낸 경험이 없는 상황에서 눈물로 가족을 떠나보내는 신을 연기해야 할 때, 자신의 과거에서 유사 상실의 경험을 끄집어냈다면, 즉 '남자 친구 혹은 여자 친구에게 버림받았던 과거'의 감정을 소환해 관객들에게 눈물을 흘리는 모습을 보여주었다면 이는 메소드 연기에 해당한다. 바퀴벌레가 자신의 발등을 타고 올라오는 상상으로 악당의 습격에 깜짝 놀라는 연기를 했다면 이 또한 메소드 연기다.

다른 하나는 이와 정반대로 외면에서 내면으로 감정을 확장하는 연기법이다. 예를 들어 시나리오대로 물건을 집어 던진다든지, 허공에 주먹을 날린다든지, 소리를 지른다든지 하는 폭력적인 몸짓으로 진짜 분노를 불러일으키는 것이 여기에 해당한다. 한마디로 원래는 전혀 화가 나지 않았지만, 외적인 동작으로 마음에 불을 지펴 연기하는 것이다.

내면에서 외면으로 감정을 확장하는 방법과 외면에서 내면으로 감정을 확장하는 방법은 서로 보완작용을 할 수 있다. 한번은 욕지거리를 내뱉으며 검은 상자(극장에서는 흔히 검은 상자를 책걸상 등의 대용품으로 사용함)를 집어 던지는 역할을 맡은 적이 있었다. 물건을 집어 던지다 보니 점점 화가 난 나는 주변에 있던 검은 상자를 연달아 세 개나 망가뜨렸다. 이에 선생님은 내가 확실히 분노를 표현하긴 했지만, 자제력을 잃은 연기라고 평가했다. 인정한다. 나는 확실히 자제력을 잃었다.

그날 나는 수업을 마치고 나의 행동을 돌아보았지만, 내가 왜 그랬는지 알 수 없었다. 내가 극에 너무 몰입했던 걸까? 무대에서 몰입했다는 건 좋은 거 아닌가? 아니면 물건을 집어 던지는 그 동작들이 원래 내 마음속에 억눌려 있던 분노를 끓어오르게 한 걸까?

훗날 심리학을 공부하면서 나는 당시의 내 상황을 이해했다. 그리고 발산은 감정을 삭이는 방법이 되지 못할 뿐만 아니라, 때로는 내재된 감정을 더 강렬하게 만들기도 한다는, 일반적 상식에서 조금은 벗어난 결론을 내릴 수 있었다.

처음엔 그저 외적인 표현에 지나지 않는 감정적 동작도 결국 그에 상응하는 내적 감정을 불러일으키게 된다는 사실을 이 연기 수업(특히 외면에서 내면으로 감정을 확장하는 연습)을 통해 몸소 체험했기 때문이다.

행동과 감정의 상호관계*는 일찍이 심리학 분야에서도 주목한 바이다. 이는 100여 년 전, 근대 심리학의 창시자라 일컬어지는 미국의 월리엄 제임스가 남긴 말에서도 알 수 있다. '행복해서 웃는 것이 아니라 웃어서 행복한 것이다'라는 그의 말은 우리가 감정적으로 했던 행동이 감정의 원천이 되기도 한다는 뜻으로 행동과 감정, 감정과 행동이 상호적 관계임을 말해준다.

그러나 이후 행동심리학이 유행하면서 꽤 오랫동안 서양 심리학에서는 인간의 행동이 '내면에서 외면으로' 확장된 일방적 결과물이라는 생각이 주류를 이뤘다. 그리고 이런 배경에서 '발산으로 감정을 치유할 수 있다'는 개념이 파생되었다. 즉, 분노가 치밀 때 크게 소리를 지르거나 물건을 깨부수는 등 자신의 감정과 일치하는 행동을 하면 감정을 덜어낼 수 있다고 본 것이다. 그러나 문제는 이 방법이 항상 효과적인 게 아니었을뿐더러 오히려 사람을 더 감정적으로 만들기 일쑤였다는 점이다.

물론 지금의 우리는 알고 있다. 감정을 제어하려면 자신의 감정과 평화롭게 공존해야지 마냥 감정을 억눌러서도, 또 마냥 발산하기만 해서도 안 된다는 사실을 말이다.

그런 의미에서 녹색 거인 헐크는 매우 좋은 본보기다. 과학자 브루스 배너는 분노라는 감정을 느낄 때마다 헐크로 변신하는 슈퍼 영웅이지만 과거 배너에게 분노는 그저 억눌러야 하는 감정이었다. 헐크로 변신하는 자신을 받아들일 수 없었을 뿐만 아니라, 그에게 헐크라는 존재는 분노를 제어하지 못하는 폭주 기관차요, 시한폭탄과도 같았기 때문이다. 그러다 보니 그는 한껏 위축될 수밖에 없었고, 그렇게 위축된 모습은 그를 더 괴롭히기 좋은 사람으로 만들 뿐이었다. 계속 그렇게 가다가는 언젠가 폭발해 괜한 사람을 잡을지도 모를 일이었다.

다행히 훗날 배너는 자신의 분노를 다루는 법을 배운다.

"둘이 공존할 방법을 찾은 거겠지."

다른 영웅이 배너에게 어떻게 냉정을 유지하느냐고 물었을 때, 아이언 맨 토니 스타크가 배너 대신 한 말인데, 의식이 있는 배너라면 헐크를 억누르지 않고 길들였을 것이라는 소리다.

〈어벤져스〉에서 외계생명체에 대항하던 마지막 시가전을 기억하는가? "지금은 화를 내도 좋아"라는 캡틴 아메리카의 말에 배너는 "난 항상 화가 나 있거든(I'm always angry)!"이라고 말하며 헐크로 변신한다. 이는 배너가 분노를 지배하고 있을 뿐 그 안에는 항상 헐크가 존재한다는 의미로, 분노를 부채질하기만 하면 언제든 폭발적인 힘을 발휘할 수 있다는 뜻이다.

마블 유니버스에 등장하는 빌런(슈퍼 악당)들을 상대하려면 분노의 헐크가 필요하다. 그러나 실생활에서 자제력을 잃고 분노를 일상화한다면 애꿎은 물건만 망가지고 인간관계가 틀어질 뿐이다.

그렇다면 치밀어 오르는 화를 효과적으로 가라앉히는 방법은 무엇일까?

어떠한 일에 분노를 느끼면 그 감정을 쉬이 가라앉히지 못하고 그 일들을 곱씹느라 잠과 입맛까지 달아나는가? 혹은 스스로 느끼기에도 분노가 넘쳐 좀처럼 정신을 집중하지 못하는가? 그래서 무례한 말과 폭력적인 행동을 제어하지 못하고, 심지어 다른 사람에게 화풀이하며 무고한 사람에게 분노의 화살을 돌리는 일이 잦은가? 그렇다면 당신은 이미 '분노관리'에 문제가 있다고 볼 수 있다. 이럴 때는 어떻게 해야 할까?

화가 나면 대뇌변연계에서 뇌간으로 신호가 전달돼 교감신경을 자극한다. 그 결과 심장박동이 빨라지고, 혈류가 증가하며, 근육이 긴장되고, 아드레날린이 분비되어 온몸이 '달아날 준비 혹은 싸울 준비' 태세로 돌입하게 된다. 즉, 정말로 싸우거나 달아날 것이 아니라면 어떻게든 이러한 생리적 압박을 덜어내야 한다는 얘기다.

이럴 때 나름의 효과적인 방법이 바로 '복식호흡'이다. 숨을 깊게 들이쉰 다음 이를 천천히 내뱉는 동작을 반복하다 보면 횡격막 아래에 분포한 미주신경을 자극하게 되는데, 이것이 부교감신경에 영향을 주어 흥분된 교감신경을 가라앉히고 심장박동을 원래대로 되돌려놓기 때문이다. 물론 모든 사람이 단번에 이러한 느낌을 포착할 수 있는 것은 아니다. 그래서 예전에 내 요가 선생님이 가르쳐준 간단한 팁을 공유하자면 일단 누워라. 사람은 누워서 호흡할 때 기본적으로 복식호흡을 하니까 말이다.

화가 잔뜩 났는데 누울 공간이 없다면? '긴장과 이완'의 기술을 활용해봐도 좋다. 온 힘을 다해 주먹을 꽉 쥐어 그 감각을 느낀 다음, 손에 힘을 풀어 이완의 감각을 느껴보는 것이다. 여기서 핵심은 화가 누그러질 때까지 이러한 동작을 반복하는 데 있다. 그러므로 얼굴처럼 신체의 다른 부위를 이용해 긴장과 이완을 반복해도 좋다. 예를 들면 이를 악물고 얼굴을 잔뜩 구겼다가, 하품하듯 입을 크게 벌리며 표정을 푸는 식으로 긴장과 이완의 느낌을 오롯이 느끼면 된다.

스스로 상상력이 풍부한 사람이라고 생각한다면 인적 없는 해변(잔잔하게 바람이 불어오는 그런 곳)처럼 마음이 편해지는 곳에 있다는 상상을 해봐도 무방하다. 무엇이 보이고, 어떤 소리가 들리는지, 또 어떤 냄새가 나는지를 상상해보는 것이다. 밀가루처럼 부드러운 모래사장을 거니는 느낌은 어떠한가? 바다를 싫어한다면? 그럼 아침이슬이 내려앉은 산이나 숲에 있다고 상상해보라! 그리고 냉정을 되찾을 때까지 그 기분을 온몸으로 느껴라.

마음의 안정을 찾아 이성적인 사고를 할 수 있게 되면 그땐 다시 생각해볼 차례다.

'무슨 일 때문에 그렇게 화가 났지? 그럴 가치가 있는 일이었나? 입장을 바꿔 생각해보면 어떨까?'

그럼 다음에 비슷한 상황이 벌어지더라도 그렇게까지 화가 나지는 않을 것이다.

외면에서 내면으로 감정을 확장하는 연기법이 가짜를 진짜로 만들 수 있다는 사실도 늘 명심해야 한다. 그러니 불난 데 기름을 끼얹지 않으려면 불만을 표현하되 과한 행동으로 분노를 표출하지는 말아야 한다. 분노는 결국 몸과 마음을 다치게 할 뿐이다.

반대로 이러한 점을 이용해 기분을 좋게 만들 수도 있다. 내겐 마냥 명랑해 보이는 친구가 하나 있다. 친해지고 나서야 알게 된 사실이지만, 사실 그녀는 보이는 것만큼 그리 태평하기만 한 사람은 아니었다.

오히려 생각보다 섬세하고 생각이 많은 편인 데다 한부모 가정에서 자란 탓인지 사람을 잘 믿지 않았다.

그런 그녀가 부정적인 감정을 극복하는 방법은 바로 거울을 보며 웃는 것이었다. 그녀는 거울에 비친 자신을 마주하며 열심히 웃다 보면 어느새 안면 근육들이 자연스레 움직이게 되어 있다며, 그런 다음에는 온종일 그 미소를 잃지 말자고 자기 자신을 다독인다고 말했다. 그녀의 근육이 마음속 감정을 움직여 즐겁다는 정보가 신체를 통해 다시 대뇌로 되돌아가면서 점차 기분이 좋아지게 된 것이다.

사실 내가 모두에게 일깨워주고 싶은 사실은 하나다. 분노가 부정적인 감정이기는 하지만 우리가 분노하지 않는다면 정의를 수호할 수도, 부당한 대우에 반발해 우리의 마땅한 권리를 지킬 수도 없다. 그러므로 절제력을 잃지만 않는다면 분노는 매우 중요한 감정이라는 것이다.

마지막으로 문단의 선배이자 노벨문학상 수상자인 귄터 그라스의 말로 이 장을 갈음하고자 한다.

"우리가 나이를 먹는다고 해서 반드시 지혜로워져야 할 필요는 없다. 그러나 분노를 지킬 줄 알아야 한다."

굳이 말하지 않아도 알 테지만 여기서 말하는 분노는 남에 대한 분노가 아닌 일종의 자각이요, 정의감이다.

분노를 관리하는 방법

WAY 1 숨을 깊게 들이마시고, 천천히 내뱉으며 복식호흡을 연습한다. 가장 간단한 연습 방법은 일단 자리에 눕는 것이다.

WAY 2 누울 자리가 없다면 긴장과 이완을 반복하는 방법을 활용해보자. 온 힘을 다해 주먹을 꽉 쥐어 그 감각을 느낀 다음, 손에 힘을 풀어 이완의 감각을 느껴보는 것이다. 여기서 핵심은 화가 누그러질 때까지 이러한 동작을 반복하는 데 있다.

WAY 3 인적 없는 해변처럼 마음이 편해지는 곳에 있다고 상상해보자. 그리고 냉정을 되찾을 때까지 그 기분을 온몸으로 느끼자.

06 '나'와 잘 지내려면
먼저 '나' 자신을 아껴라

자신을 탓하며 스스로에 대한 믿음을 깎아낼 때가 아니라 자기 자신을 이해하고
받아들일 때, 비로소 내가 가진 약점을 극복하고 장점을 극대화할 수 있다.

친구 집에서 있었던 일이다. 친구가 나와 대화를 나누는 동안 친구
의 아이는 옆에서 피아노 연습을 하고 있었다. 그런데 한창 이야기가
오가는 중, 친구의 아이가 갑자기 흥분하며 발을 동동 구르는 것이 아
닌가! 아이는 몹시 화가 나고 초조한 모양이었다.

이에 친구는 곧장 아이에게 다가가 관심 가득한 표정으로 물었다.

"왜 이렇게 화가 났을까?"

그러자 아이는 얼굴이 벌겋게 달아올라 울음을 터뜨리며 말했다.

"피아노를 잘 못 치겠어요! 계속 연습했는데도 잘 안돼요!"

순간 친구는 황당함에 넋이 나간 표정이었다. '그게 무슨 대수라
고? 계속 연습하면 되지!'라고 생각하는 눈치였다. 하지만 다행히도
친구는 그 생각을 입 밖으로 내지 않았다. 대신 '획!' 하고 손가락으로
나를 가리키며 말했다.

"저 삼촌이 피아노 진짜 잘 치잖아. 그런데 삼촌도 엄청 많이 연습해서 잘 치게 된 거야. 그렇지?"

"그럼, 그럼."

나는 친구의 말에 맞장구를 치고는 아이에게 말했다.

"연습할 때, 손가락이 말을 잘 안 들으면 정말 괴롭지. 그치?"

아이는 고개를 끄덕였다.

"삼촌도 그랬어! 하지만 그렇다고 자기 자신을 탓하거나 손가락을 혼내면 안 돼. 그럼 더 말을 안 듣게 될 테니까!"

이는 내 경험에서 우러난 말이었다. '말 안 듣는 손가락을 혼낸다'는 것이 조금은 유치할지 모르지만 사실 어른들도 그런 행동을 할 때가 많다.

예컨대 샤워하거나 밥을 먹다가 며칠 전 고객과 대화를 나누다 말실수를 한 일이 떠올라 갑자기 울컥 화를 내며 "아, 이 바보!", "어떻게 잘하는 일이 하나도 없냐!", "망했어, 또 망했다고!"라고 혼잣말을 내뱉을 때, 옆에 사람이 없다면 그냥 욕설을 내뱉었을지도 모를 그런 때가 그렇다.

이러한 행동을 했던 자신이 비정상이 아닐까 걱정스럽다면? 걱정할 것 없다. 실은 거의 모든 사람이 그런 행동을 하니까 말이다. 연구 결과에 따르면 우리는 아침부터 저녁까지 머릿속에서 쉼 없이 자기 자신과 대화를 한다. 또한, 우리가 의식하지 못하는 순간에도 하루에 적게는 12,000개에서 많게는 50,000개까지의 생각과 평가가 우리의 머릿속을 스쳐 지나간다고 한다. 심리학자들은 이러한 현상을 '자기 대화*'라고 부른다.

'자기대화'는 머리로 하는 '혼잣말'이라고 볼 수 있는데, 여기에는 긍정적 대화와 부정적 대화, 중성적 대화가 혼재한다. 예를 들면 '이번 일은 정말 잘했어!'라고 자기 자신에게 긍정적인 평가를 내릴 수도 있고, '이 바보 멍청이!'라고 부정적인 평가를 내릴 수도 있다는 소리다. 그런데 심리학자 랜디 카멘이 다년간의 실험과 관찰을 통해 종합한 결과를 보면 사실 대부분의 사람이 걱정으로 가득한 부정적 자기대화를 나누고 있으며, 그것도 모자라 끊임없이 이를 반복하는 것으로 나타났다.

예컨대 어제 저지른 잘못을 오늘까지도 잊지 않고 곱씹으며 자신을 비하하고 깎아내린다는 것이다. 못 믿겠다면 다음번에 '자기대화'가 머릿속에 떠오르거든 그 생각이 부정적인 것인지, 긍정적인 것인지 살펴보라.

우리가 알게 모르게 자기대화는 우리에게 큰 영향을 미친다. 실제로 우리는 아주 어려서부터 자기대화를 시작하는데, 이때 자기대화의 '내용'은 개인의 성장 배경이나 경험의 영향을 받는다. 다시 말해서 부모나 가족, 선생님, 친구, 심지어 어린 시절에 접한 미디어까지도 자기대화의 내용에 영향을 미친다는 뜻이다.

자칫 잘못하면 소위 '부정적 순환*'에 빠지기 십상인 이유는 바로 이 때문이다. 일이 뜻대로 되지 않을 때 '이 바보! 또 실수를 저지르다니! 넌 어쩜 이렇게 멍청하니!'라는 생각을 가지면, 자신을 자책했던 이 경험이 마음의 그림자로 남아 다음에 같은 일을 할 때 또 실수를 저지르지는 않을까 하는 두려움에 사로잡힌다. 이렇게 되면 오히려 하지 않을 실수를 하게 되고, 결국 실수와 자책을 반복하는 부정적 순환에 빠지는 것이다. 그리고 순환이 장기화되면 만성 스트레스를 초래해 몸과 마음의 병을 키우고 만다.

'자기대화'는 자신감과 자존감에도 영향을 미쳐 심각한 경우 반려자와의 관계에 잡음을 만들기도 한다. 그도 그럴 것이 자기 자신에 대한 원망과 한탄이 몸에 밴 사람과 함께하길 원하는 사람이 누가 있겠는가?

여기서 흥미로운 사실은 우리 모두가 실은 우리 자신에게 꽤 잔인하다는 점이다. 왜냐? 자신을 나무라고 비하하는 것도 모자라 자신이 싫어하는 사람에게도 하지 못할 말을 자신에게 서슴없이 퍼붓기 때문이다. '자기대화'를 할 때만큼은 그 누구보다도 자신에게 엄격해지는 셈이다.

그런데 우리가 우리를 비난하고 질책하는 것처럼 우리는 정말 그렇게 능력 없고 멍청한 사람일까? 사실 자기대화를 하는 과정에서 우리가 그 생각들의 정확성을 따지는 경우는 극히 드물다. 보통은 무비판적으로 생각을 받아들이고, 이러한 생각들이 더 큰 스트레스가 되어 우리를 무력감과 우울함에 빠뜨린다.

그래도 다행히 이 모든 것에는 변화의 여지가 있다. 우리의 자기대화는 결국 자신의 선택에 달려 있고, 무엇보다도 선택 후의 연습이 중요하기 때문이다. 낙관적인 사람이 비교적 긍정적인 자기대화를 한다는 사실은 연구 결과를 통해서도 밝혀진 바다. 그들은 자신이 많은 일을 할 수 있다고 믿는데, 그 자신감만큼이나 신체적으로나 정신적으로나 건강한 편으로 나타났다.

그렇다면 부정적 순환을 끊어내는 방법에는 무엇이 있을까? 내가 제안하는 방법은 3단계로 나뉜다. 첫째, 부정적인 대화를 글로 옮겨 적어 자기를 인식할 것. 둘째, 2인칭을 사용한 긍정적인 대화로 자신을 격려할 것. 셋째, 혼잣말을 두려워 말고 용감하게 입 밖으로 내볼 것.

단계별로 설명을 덧붙이자면 이렇다.

먼저 부정적인 대화를 글로 옮겨 적어 자기를 인식해야 하는 이유는 우리가 평소 부정적인 자기대화에 주의를 기울이지 않기 때문이다. 즉, 주의를 기울이는 연습을 통해서만 비로소 '자기대화'를 인지하게 되는데, 그 연습 방법의 하나가 바로 부정적인 자기대화를 글로 옮겨 적는 것이라는 뜻이다. 자기대화를 글로 옮겨 적으면 '이 생각들이 진짜인지 아닌지'를 좀 더 쉽게 점검 가능하다. 그리고 그렇게 점검을 하다 보면 우리의 대뇌가 우리에게 가혹한 순간이 생각보다 훨씬 많다는 사실을 깨닫게 될 것이다.

자기를 인식했다면 그다음은 2인칭을 사용한 긍정적인 대화로 자신을 격려할 차례다. 앞서 언급했던 내 친구의 아이를 기억하는가? 만약 당신이 부모라면 울음을 터뜨리며 "난 바보예요. 잘하는 게 아무것도 없다고요"라고 말하는 아이에게 뭐라고 대꾸하겠는가? "아직 배우는 중이라 그렇지 넌 절대 바보가 아니야! 넌 할 수 있어! 분명 그럴 거라고 믿어!"라고 말하지 않겠는가? 아마 당신은 아이에게 이렇게 말할 것이다. 그것도 진심을 다해서! 그러면서 왜 자기 자신에게는 진심을 다해 이렇게 말해주지 못하는가? 때로는 <u>스스로 '부모'의 역할로 분해 초조한 내면의 목소리를 보듬어줄 필요가 있다.</u>

심리학에서는 이런 방법을 '자기자비(Self-Compassion)*'라고 일컫는다. 자기자비와 자기연민(Self-Pity)*은 서로 다른 개념이다. 자신의 불쌍한 면을 핑계로 다른 사람의 동정을 구하려 하는 것이 자기연민이라면, 장점이든 단점이든 있는 그대로의 자신을 받아들이고 온전히 공감하는 것이 자기자비이다.

'자기자비'는 자신의 감정을 달래는 데도 큰 도움이 되지만, 자신을 좀 더 명확하게 이해하는 데에도 도움이 된다. 자신을 탓하며 스스로에 대한 믿음을 깎아낼 때가 아니라 자기 자신을 이해하고 받아들일 때, 비로소 내가 가진 약점을 극복하고 장점을 극대화할 수 있는 법이다.

축구경기를 보면 축구선수들을 응원하는 응원단이 항상 함께하는데, 사실 우리의 대뇌에도 이러한 응원단이 필요하다. 화려한 응원 도구나 춤, 재주넘기 같은 기술은 필요 없다. 그저 전심전력으로 자신을 믿고, 지지해주면 그것으로 충분하다.

연구 결과에 따르면 '긍정적인' 자기대화가 사람을 더욱 총명하게 만들고, 좀 더 자신감 있게 만들며, 어려움을 이겨내는 강인함까지 키워준다고 한다. 강인함의 상징으로 일컬어지는 미국 해군 특수부대 네이비실의 강인함도 어느 정도는 '긍정적인 자기대화'에서 비롯되었다고 볼 수 있다.

실제로 한 해군 심리 연구보고서에 따르면 어려움이 닥쳤을 때 병사들이 이에 굴하지 않고 계속해서 앞으로 나아갈 수 있었던 데에는 '긍정적인 자기대화'가 도움 되었다고 기록되어 있다. 예컨대 네이비실의 일원이 되려면 반드시 통과해야 하는 기초 수중발파 훈련 테스트 때, 병사들에게 '넌 할 수 있어', '분명 아무런 문제가 없을 거야' 등과 같은 긍정의 자기대화를 하도록 지도하자 병사들의 테스트 통과율이 기존의 1/4에서 1/3로 상승한 것으로 나타났다.

자기격려 시, 1인칭을 2인칭으로 바꿔 말하면 더 효과적이라는 사실은 심리학 연구 결과를 통해서도 입증된 바다. 그러니 '난 정말 대단해! 그러니 문제없을 거야!'라는 자기격려를 '넌 정말 대단해! 그러니 문제없을 거야!'라고 바꿔보자.

어려움이 닥쳤을 때, 2인칭을 사용한 자기격려로 자신의 부정적인 내면의 목소리를 달래준 다음 마지막으로 할 수 있는 일은 바로 혼잣말을 두려워 말고, 용감하게 '소리 내어 말하는 것'이다. 머릿속의 목소리를 언어로 치환해 입 밖으로 낸 다음, 다시 귀로 이를 듣는 과정은 다시 한 번 관련 회로를 공고히 하기 위함이다.

노인들이 혼잣말을 하면 지능을 유지하는 데 도움 된다는 실험 결과가 있듯, 자기대화도 실제 감각기관을 자극해 체험을 심화하는 작업이 필요하다. 게다가 혼잣말은 사람에게 힘을 불어넣어줄 뿐만 아니라 학습을 돕고, 기억력과 집중력을 강화하여 좀 더 쉽게 새로운 지식을 흡수하도록 해준다는 연구 결과도 있다.

그러니 다음에 어려움에 직면했을 땐 이 3단계를 기억하라. 자신을 인식해 자기자비의 태도로 현재의 상황을 받아들이고, 상냥한 코치의 말투로 스스로를 격려하고 응원하는 긍정적 자기대화를 나누며, 이를 실질적으로 자신에게 말해보라.

'나'와 잘 지내려면 먼저 '나' 자신을 아껴야 하는 법이다. 당신은 할 수 있다. 그러니 부디 앞으로 펼쳐질 매일 매일을 조금 더 긍정적으로, 조금 더 자신 있게 보낼 수 있기를 바란다.

자기대화의 부정적 순환을 끊는 방법

STEP 1 ⋙ 부정적인 대화를 글로 옮겨 적어 자기를 인식한다.

STEP 2 ⋙ 2인칭을 사용한 긍정적인 대화로 자신을 격려한다.

STEP 3 ⋙ 혼잣말을 두려워 말고 용감하게 입 밖으로 내본다.

07 당신은
당신이 생각하는 것보다 강하다

자신감은 우리가 생각하는 그 이상으로 중요하다. 우리가 살면서 어떤 일을 완수하는 데에는 능력도 중요하지만, 무엇보다도 '자신감'이 있어야 한다.

당신은 '자신감'이 중요하다고 생각하는가?

이 질문에 아마 대부분의 사람이 "매우 중요하다"라고 대답할 것이다. 나 역시 그렇게 생각한다. 실제로 자신감을 가져서 좋은 점이 매우 많기 때문이다. 특히 사회생활을 하는 데에는 '자신감'의 유무가 꽤 큰 차이를 낳는다. 자신감을 가지고 일을 하면 효율성을 높일 수 있을 뿐만 아니라 다른 사람에게도 믿음을 줄 수 있다.

그러나 이러한 '자신감'을 유지할 수 없는 순간도 있다. 남들 눈에는 순풍에 돛 단 듯 순조롭게만 보일 때도 자꾸만 일이 꼬이는 것 같아 가슴 한편이 답답하기도 하고, 전에는 술술 잘만 진행됐던 일이 지금은 왠지 자꾸 벽에 부딪히는 느낌이 들기도 한다. 다른 사람에게 자신의 고민을 이야기하면 다들 "괜찮아, 아무 문제없어"라고 말하지만, 뭔가 문제가 있다는 생각을 좀처럼 떨쳐내기 어려울 때도 있다. 남들이 나를 위로하고 칭찬할수록 실은 자신이 빛 좋은 개살구에 불과할까 봐 불안하고 두려운 마음이 엄습하는 것이다.

물론 사람이라면 누구나 감정의 기복을 겪는다. 가끔 기분이 저조한 건 지극히 정상이란 소리다. 문제는 이처럼 저조한 기분이 자기 자신에 대한 비난과 의심을 불러올 때다. 그렇게 되면 사실 나는 유명무실하고, 무능력한 사람이라는 생각이 머릿속에 가득 차게 되고, 심각할 경우 곧 우울증에 걸릴 것만 같은 느낌이 들기도 한다.

이렇게 불현듯 찾아오는 '자기의심'에는 다 이유가 있다. 그리고 이러한 현상은 상대적으로 '보편적'이기까지 하다. 특히 사회생활을 할 때는 더욱 그렇다. 자신만만할 때가 있는가 하면, 갑자기 자신감이 사라져 자신이 허울뿐인 빈껍데기라고 생각될 때도 있다. 심리학자들은 이러한 심리 상태를 일컬어 '가면증후군*'이라고 한다.

연구 결과에 따르면 가면증후군을 겪는 사람들의 비율이 절대 낮지 않다. 정도의 차이가 있을 뿐 70%에 육박하는 사람들이 일생 중 어느 한 시기에는 이러한 심리 상태를 경험하며, 우리가 흔히 천부적인 재능을 타고났다고 생각하는 성공 인사의 경우에는 특히 보편적인 것으로 나타났다.

그렇다면 가면증후군이란 정확히 어떤 것일까? 가면증후군이란 이를테면 일종의 주관적 느낌이다. 즉, 자신의 성공이나 명성이 노력이 아닌 운이나 다른 요소로 얻어졌다고 생각하며, 언젠가 자신의 가면이 벗겨져 무능함이 밝혀지지 않을까 불안해하는 심리를 말한다. 특히 어떠한 일에 순조롭게 성공했을 때 가면증후군을 겪는 사람들은 자신에게 그러한 결과가 가당치 않다고 여기며, 마치 남들을 속이는 것 같은 기분을 느낀다.

〈하버드 비즈니스 리뷰〉에 실린 가면증후군을 겪는 사람들의 특징을 보면 다음과 같다.

첫째, 가면증후군을 겪는 사람들은 실패를 두려워한다. 때로는 실패에 대한 두려움이 너무 커, 자신에게 주어진 일을 잘해내고도 '어딘가 실수를 하지 않았을까, 언젠간 그 실수가 드러나지 않을까?'라는 생각에 우울해하기도 한다.

둘째, 자신은 '자격 미달'이라고 생각한다. 상사나 사장이 누군가에게 임무 또는 직책을 부여한다는 건 그만큼 그 사람을 인정한다는 뜻으로 해석할 수 있다. 그러나 가면증후군을 겪는 사람들은 자신이 그 임무에 혹은 그 자리에 어울리지 않는 사람이라거나 그럴 자격이 없는 사람이라고 생각해 깊은 근심에 빠진다.

셋째, 모든 것이 그저 '운이 좋아서'라고 생각한다. 자신이 좋은 성과를 거둔 이유는 자신의 능력이 뛰어나서가 아니라 순전히 운 또는 타이밍이 좋아서라고 생각한다. 그래서 다음엔 이 같은 행운이 따르지 않을 것을 겁내 새로운 시도를 하려고 하지 않는다.

그렇다면 가면증후군이 우리의 생활에 어떤 영향을 미칠까? 수면과 식욕, 심지어 건강에까지 영향을 준다.

이 장을 시작하며 던진 질문을 기억하는가? 당신은 '자신감'이 중요하다고 생각하느냐고 물었다. 그럼 당신은 이 '자신감'이 얼마나 중요하다고 생각하는가?

자신감은 우리가 생각하는 그 이상으로 중요하다. 살면서 '어떤 일'을 완수하는 데에는 능력도 중요하지만, 무엇보다도 '자신감'이 있어야 한다. 심리학의 대가 앨버트 반두라에 따르면 사람은 누구나 자기 효능감(Self-Efficacy), 즉 '자신에게 어떤 임무나 행위를 수행할 능력이 있다고 믿는 기대와 신념'을 가지고 있다. 이러한 믿음은 주어진 일을 완수하게 만드는 동기가 되고, 정말로 일을 완수한 후에는 '통제감'을 느껴 다음엔 그 어떤 일에도 스스럼없이 도전할 수 있게 된다.

자신감은 우리가 일상생활 중에 내리는 작은 결정 하나하나가 모여 형성되고, 이와 동시에 스트레스를 해소해주기도 한다. 그러므로 자신감이 없거나 가면증후군을 겪을 때는 비단 자기 자신을 의심하게 될 뿐만 아니라 어떤 일을 완수하겠다는 결심을 흔들어 온갖 후회와 자책을 불러올 수 있다.

이처럼 끊임없는 자기의심이 낳을 부정적 순환에 빠지지 않으려면 다음의 방법을 참고해보자.

첫째, 문제를 인식한다. 자신을 바로잡는 일은 문제를 발견하는 것에서부터 시작된다. 그러니 다음번에 '자기의심'이 싹트기 시작하거든 먼저 '어! 내가 또 이런 생각을 하기 시작했네'라며 스스로 주의를 환기하라. 이는 마치 마음의 스위치를 가동하는 것처럼 앞으로 자신이 그늘진 마음을 상대해야 한다는 사실을 일깨우는 역할을 할 것이다.

둘째, 마음을 다스려본다. 어쩌면 우리가 일의 성패에 지나치게 연연하고 있는지도 모르니, 이럴 때는 과정에 좀 더 집중하려는 노력이 필요하다. 그러니 모든 일에는 그 과정을 통해 배울 점이 있으며, 실패하더라도 그 과정에서 개선할 점을 찾을 수 있다는 사실에 집중해보라.

셋째, 대화를 해본다. 부정적인 생각들이 물밀 듯 밀려올 때는 자기 대화를 가동해 이렇게 말해보는 것이다.

"가끔 자신감이 떨어질 때도 있지. 네겐 약간의 쉼이 필요한 거야. 쉬고 나면 더 나아질 거야."

아니면 자신이 믿는 친구나 동료에게 머릿속에 떠다니는 부정적인 생각들을 털어놓고 격려와 피드백을 구해보는 것도 한 방법이다.

때로는 환경적인 영향으로 불현듯 난 안될 거라는 생각이 들 때도 있을 것이다. 이를테면 자신보다 더 노력하는 사람을 만났을 때라든지 일이 생각처럼 그리 간단하지 않음을 깨달았을 때 말이다. 이럴 때는 자신이 가진 능력의 크기에만 연연할 것이 아니라 아직 배울 것이 더 많은 현실을 직시해야 한다.

그러니 자신에게 조금만 더 관대해져라. 득실을 따지는 마음은 살짝 덜어내고, 성패가 아닌 배움에 집중해보는 것이다. 성패의 영향이 아무리 크다 하더라도 당장 세상이 끝나는 것은 아니니 자신을 완전히 부정할 필요는 없음을 스스로 상기해야 한다. 부정적인 생각이 너무 강렬하다면 친구의 지지와 격려를 구하는 편이 훨씬 직접적인 해결방법이 될 수도 있다.

넷째, 일을 성공적으로 완수하면 자신이 어떤 이익을 얻게 될지 다시 한 번 생각해본다. 그리고 성공하려면 냉철함을 가지고 주어진 임무에 집중해야지, 자신을 비난해봐야 걸림돌밖에 되지 않음을 상기하며 스스로 다독이는 것이다.

이러한 방법들을 활용해 가면증후군을 극복하려 한다면 우리 삶의 크고 작은 일들을 얼마든지 담대히 대할 수 있다.

**매일
3분
습관**

툭하면 생기는
자신에 대한 의심을 거두는 방법

STEP 1 ᴥ 문제를 인식하고, '어! 내가 또 이런 생각을 하기 시작했네'
라며 스스로 주의를 환기한다.

STEP 2 ᴥ 마음을 다스려본다. 성패가 갈리는 건 당연한 일이니, 그보
다는 과정에 더 집중한다.

STEP 3 ᴥ 대화를 해본다. 자기대화를 가동하거나 자신이 믿는 친구
나 동료에게 머릿속에 떠다니는 부정적인 생각들을 털어놓
고 격려와 피드백을 구해본다.

STEP 4 ᴥ 일을 성공적으로 완수하면 자신이 어떤 이익을 얻게 될지
다시 한 번 생각해보고, 냉철하게 주어진 임무에 집중하자
고 자신을 다독인다.

08 즐거울 때
불현듯 묘한 우울감이 스친다고 해서
당신이 비관적인 것은 아니다

불현듯 나의 머릿속을 스치는 이상한 생각들을 대수롭지 않게 여겨라. 그러면 그 생각들은 이내 힘을 잃을 것이다.

졸업식 날의 그 묘했던 기분을 기억하는가? 제약으로 가득했던 학교라는 울타리를 벗어나 미지의 세계로 발돋움한다는 기쁨에 흥분이 되면서도, 영원할 것 같던 시간을 뒤로한 채 이제는 친구들과 헤어져 각자의 인생을 살아가겠구나 생각하면 왈칵 눈물이 날 것 같기도 하던 그 기분을 말이다.

아마 졸업식 땐 대부분의 사람이 이 같은 감정을 느끼고, 또 이러한 감정이 드는 자신을 이상하게 여기지도 않았을 것이다. 사람들에게 졸업식은 여러 감정이 뒤엉킬 특수한 이벤트인 데다 기쁨과 슬픔의 이유가 명확하기 때문이다.

그렇다면 혹시 이런 생각을 해본 적이 있는가?

'왜 사람은 같은 마음을 가지고도 서로 다른 감정을 표현하는 것일까?'

예컨대 번듯하게 사업을 일군 자식을 보며 내심 기뻐하면서도 겉으로는 "아이고! 이번엔 의외로 운이 좋았던 모양이구나!"라든지 "그러게 내가 말했잖니. 조금 덜 똑똑해도 노력만 하면 기회가 오게 되어 있다고!"라며 모진 말을 내뱉는 부모처럼 말이다.

어쩌면 부모는 이것이 격려의 말이나 관심의 표현이라고 생각할지도 모르지만 사실상 그들이 한 말은 누가 들어도 거북하다. 똑같은 상황에 자신의 부모가 이렇게 말한다면 우리도 분명 이상하다는 생각을 할 것이다. '분명 기뻐할 만한 일인데 왜 꼭 내 속을 긁지 못해 안달인 사람처럼 말하는 걸까?' 하면서 말이다.

이렇게 한편으로는 자신을 기쁘게 하는 사람과 관계를 맺고 즐거움을 표현하면서도, 또 한편으로는 부정적인 생각을 하거나 상대를 비판하고 의심하고 심지어 공격하는 현상은 사실 일상생활에서 흔히 보이는 일이다.

이에 우리는 상대가 나를 아니꼽게 여기거나 질투를 해서 또는 나를 믿지 못해서 일부러 그러는 거라고 생각하기도 한다. 그러나 실은 아주 단순한 다른 이유, 바로 우리의 마음에 자리한 정서적 메커니즘 때문인지도 모른다. 정서적 메커니즘은 어떤 방식으로 상대를 대해야겠다는 생각을 하기도 전에 자연스럽게 가동된다. 모순적인 행동을 피하고자 심혈을 기울이지 않고서는 자주 이러한 문제를 일으켜 남들을 헷갈리게 만든다는 뜻이다.

하지만 이렇게나 '괴상한' 정서적 메커니즘이 사실 우리에겐 도움을 준다. 우리가 마음의 균형을 유지해 삶에 적응해나갈 상태를 만들어주기 때문이다.

몇 해 전, 예일대학교에서 이와 관련한 논문이 발표되었다. 해당 논문에 따르면 많은 사람이 귀여운 동물을 볼 때, '죽이고 싶다'라는 생각이 들었던 것으로 나타났는데, 이러한 결과를 의아하게 여긴 연구진이 이 이상한 상태를 설명하기 위해 일련의 연구를 진행하였다.

일반적으로 '귀여운' 동물이라고 하면 우리에게 즐거움을 안겨주고, 마음을 치유해주기도 하는 존재로 인식하기 쉽다. 그러나 실험 중, 귀여운 동물의 사진이 나타나고 얼마 지나지 않아 '정말 귀엽다'라는 긍정적인 느낌은 '죽이고 싶다'라는 부정적인 감정으로 전환되었다. 이처럼 기괴한 내적 모순에 사람들은 자신의 마음 한구석에 변태적인 성향이 숨어 있는 것은 아닌지 의심을 금치 못했다.

그러나 연구진은 그렇게 생각하지 않았다. 그들은 인간에게 이처럼 모순적인 생각이나 감정이 싹트는 이유가 대뇌에 있다고 보았다. 즉, 같은 시간에 같거나 유사한 모종의 플러스 감정이 대량으로 대뇌에 접수되면, 정서적 균형을 유지하기 위한 메커니즘*이 자동으로 가동되어 생각이나 행동할 것 없이 마이너스 감정으로 균형을 이루려 한다는 것이다. 그들이 제시한 또 다른 가능성은 우리가 플러스 감정을 느끼게 되면 이 감정을 지키려는 원초적 보호 본능이 유발되어 모종의 공격성을 띤 행동을 하게 된다는 것이다.

이 논문에 따르면 왜 부모들이 자식의 성취에 함께 환호하며 기뻐하는 대신 "기뻐할 만큼 대단한 일도 아니다" 혹은 "언제 닥쳐올지 모르는 위험을 걱정해야 한다"라고 경고라도 하듯 항상 찬물을 끼얹는지도 설명이 된다. 그들이 이처럼 듣기 거북한 말을 하는 이유는 갑자기 솟구친 당장의 기쁨을 보호하기 위해 그들 마음속의 모순 장치가 자연스럽게 가동된 결과인 셈이다.

여기서 포인트는 감정의 균형을 위해서든, 자신이 느낀 현재의 감성을 유지, 보호하기 위해서든 우리의 대뇌는 자연적으로 이 같은 괴리를 만들어낸다는 점이다. 그런 의미에서 자신이 즐거울 때 또는 다른 사람이 즐거워하는 것을 보았을 때, 부정적인 나쁜 생각이 들었다고 해서 '내가 이상한 사람이라 이렇게 생각하는 걸까?'라며 자책할 필요는 없다.

너무 자주 이러한 감정의 괴리가 생긴다면 어떻게 해야 할까? 일반적으로 이러한 현상은 우리가 즐겁고 신이 났을 때, 이내 머릿속에 걱정과 근심, 죄책감, 심지어 각양각색의 부정적인 생각들이 떠오르며 생겨난다. 이렇게 느닷없이 찾아드는 생각들에 우리는 즐거운 상황에도 좀처럼 즐거워하지 못하고 고통스러워하며, 어떻게 해야 계속해서 행복한 사람이 될 수 있는지를 몰라 방황하기도 한다.

침습적 사고(Intrusive Thought)는 초조, 불안 또는 근심의 주요 원인이 된다. 사람들은 자신이 어떤 일을 생각할수록 그 일이 발생할 가능성이 커지지 않을까 두려워하기도 한다. 내가 나쁜 일을 생각하면 결국 나쁜 길로 빠져 자신은 물론 다른 사람에게까지 해를 입히는 행동을 하게 되지 않을까 걱정하는 것이다. 이른바 '사고와 행동의 융합'을 걱정하는 것인데, 이러한 현상이 일어나는 건 흔하지는 않지만 가능성이 없는 일도 아니다.

그러나 진짜 문제는 침습적 사고에 빠져 사고와 행동의 융합을 걱정할 때 느끼는 내적 갈등과 자책이 우리를 우울함에 빠뜨린다는 사실이다.

어떤 사람들은 자신이 무슨 일을 생각한 것만으로도 도덕적으로 그 일을 한 것이나 다름없다고 여기기도 한다. 예컨대 독실한 기독교 신자 중에는 다른 사람의 호화주택이나 아름다운 아내를 보고 질투의 감정을 느끼면 '네 이웃의 아내나 재물을 탐내지 마라'라는 구약 성경의 '십계' 중 한 계명을 어기는 것과 마찬가지라고 생각한다.

그런데 이러한 생각들은 수많은 내적 갈등과 고민을 낳고, 이 같은 정신적 스트레스는 우리 자신에게 상처를 입힌다. 특히 그런 생각들에 오명을 씌우고, 죄책감으로 그 생각들을 덮으려 하면 더욱 그렇다. 하지만 이는 마치 스스로 가하는 심리적 폭력과 같아서 우리가 신경을 쓸수록 오히려 더 고개를 든다.

앞서 언급한 정서적 메커니즘을 이해했다면, 이제는 이러한 이상한 생각들이 그저 정서적 균형을 유지하기 위해 대뇌가 기본적 메커니즘을 가동한 결과일 뿐, 우리가 변태라서가 아님을 분명히 깨달았을 것이다. 이러한 생각들을 정말 변태적으로 만드는 건 우리가 방금 얘기한 '사고와 행동의 융합'이다. '생각한 것만으로도 그 일을 한 것이나 다름없다'라는 생각과 여러 모순과 자책 속에서 오히려 비이성적인 행동을 하게 되기 때문이다.

이러한 이론을 이해하면 다음부터는 느닷없이 머릿속에 떠오르는 이상한 생각들을 대수롭지 않게 여길 수 있을 것이다. 이상한 생각이 든다고 해도 그저 생각일 뿐이다. 그렇다. 우리의 대뇌는 원래 온갖 비이성적인 나쁜 생각들을 만들어내며, 이는 우리의 통제 범위 밖의 일이다. 우리가 꿈의 내용을 마음대로 하지 못하는 것처럼 말이다. 대수롭지 않게 여기면 이러한 생각들은 자연스레 힘을 잃는다. 무엇보다 중요한 건 인간관계에서 우리는 여전히 이성적이고 정직한 사람이라는 사실이다.

자신의 이상한 생각을 대하는 방법

STEP 1 먼저 정서적 메커니즘을 이해하여 이러한 이상한 생각들이 그저 정서적 균형을 유지하기 위해 대뇌가 기본적인 메커니즘을 가동한 결과일 뿐, 우리가 변태라서가 아님을 분명히 인지한다.

STEP 2 이러한 생각들을 정말 변태적으로 만드는 건 '사고와 행동의 융합'임을 이해한다. 다시 말해서 '생각한 것만으로도 그일을 한 것이나 다름없다'는 생각과 여러 모순과 자책 속에서 오히려 비이성적인 행동을 하게 된다는 것을 기억한다.

STEP 3 이러한 이론을 이해하고, 느닷없이 머릿속에 떠오르는 이상한 생각들을 대수롭지 않게 여기도록 한다. 대수롭지 않게 여기면 생각들은 자연히 힘을 잃는다.

비이성적인 반추적 사고

비이성적인 반추적 사고란 우리가 어떻게 해도 바꿀 수 없는 상황이나 우리의 잘못이라고 단정할 수 없는 일에 온갖 상상과 억측을 동원해 자신을 괴롭히는 것을 말한다. 자아 성찰의 탈을 쓴 비이성적인 반추적 사고는 우울함, 후회 등의 부정적인 감정과 자기비하를 수반해 스트레스를 극복하는 데 전혀 도움 되지 않을뿐더러 오히려 스트레스를 가중한다.

유리멘탈

보통 사람들에 비해 타인의 피드백에 민감한 반응을 보이며 쉽게 자존심에 상처를 받는 성격을 비유적으로 이르는 말이다. 유리멘탈을 가진 사람은 누군가 자신을 비판하면 상대가 대놓고 자신의 능력이나 인격을 부정했으며, 자신을 가치 없는 사람으로 여긴다고 받아들인다. 이들이 자신의 자존심을 지키기 위해 보이는 반응은 크게 두 가지다. 상대의 말에 끈질기게 반박을 하고 심지어 역으로 상대를 공격하거나, 냉담하게 문제를 회피해버린다.

정서적 협박

'정서적 협박'은 비정상적인 인간관계에서 비롯된다. 협박자는 항상 무리하고 불합리한 요구와 위협, 압박, 침묵 등을 통해 자신에게 가까운 사람들 혹은 자신의 인생에서 중요한 사람들에게 좌절감과 죄책감, 두려움, 부끄러움 등을 안김으로써 소기의 목적을 달성하고자 한다. 그러나 때로는 어떤 목적을 달성하기 위해서가 아니라 그저 '습관'적으로 정서적 협박을 가하기도 하는데, 이러한 상황이 반복되다 보면 협박을 받는 사람들조차도 그러한 대우를 당연하게 받아들이게 된다.

수동공격성(Passive Aggression)

제2차 세계대전 당시, 전쟁에 반대해서 혹은 다른 이유로 상관의 명령에 불복종하고 싶지만 그렇다고 공개적으로 거부하지도 못했던 일부 병사가 일부러 비능률적인 모습을 보이거나 시간을 끄는 방법으로 남몰래 지시를 거스르는 일이 있었다. 훗날 심리학자들은 이러한 현상을 일반인들에게 원용해, 생각이나 감정을 솔직하게 표현하지 못하고 대인관계에서 수동공격적인 행동패턴을 나타내는 일종의 성격장애로 정의했다. 그러나 1990년대에 들어서 생각보다 다양한 계층의 많은 사람에게서 이러한 행동이 관찰되자 더 이상 '수동공격성'을 성격장애로 분리하지 않게 되었다.

행동과 감정의 상호관계

근대 심리학의 창시자라 일컬어지는 미국의 윌리엄 제임스는 "행복해서 웃는 것이 아니라 웃어서 행복한 것이다"라고 말했다. 이는 우리가 감정적으로 했던 행동이 감정의 원천이 되기도 한다는 뜻으로 행동과 감정, 감정과 행동이 상호적 관계임을 말해준다.

자기대화(Internal Talk 또는 Self-Talk)

우리는 아침부터 저녁까지 머릿속에서 쉼 없이 자기 자신과 대화를 하며, 우리가 의식하지 못하는 순간에도 하루에 적게는 12,000개에서 많게는 50,000개까지의 생각과 평가가 우리의 머릿속을 스쳐 지나간다. 심리학자들은 이러한 현상을 '자기대화'라고 부른다. '자기대화'는 머리로 하는 '혼잣말'이라고 볼 수 있는데, 여기에는 긍정적 대화와 부정적 대화, 중성적 대화가 혼재한다.

부정적 순환(Negative Loop)

일이 뜻대로 되지 않을 때 머릿속으로 자신을 질책하게 되면, 이 경험이 마음의 그림자로 남아 다음에 같은 일을 할 때 또 실수를 저지르지는 않을까 하는 두려움에 사로잡힌다. 이렇게 되면 오히려 하지 않을 실수를 하게 되고, 결국 실수와 자책을 반복하는 부정적 순환에 빠지고 만다. 그리고 순환이 장기화하면 만성 스트레스를 초래해 몸과 마음의 병을 키우게 된다.

'자기자비'와 '자기연민'

자기자비(Self-Compassion)와 자기연민(Self-Pity)은 서로 다른 개념이다. 자신의 불쌍한 면을 핑계로 다른 사람의 동정을 구하려 하는 것이 자기연민이라면, 장점이든 단점이든 있는 그대로의 자신을 받아들이고 온전히 공감하는 것이 자기자비이다.

가면증후군

자신의 성공이나 명성이 노력이 아닌 운이나 다른 요소로 얻어졌다고 생각하며, 언젠가 자신의 가면이 벗겨져 무능함이 밝혀지지 않을까 불안해하는 심리를 말한다. 특히 어떠한 일에 순조롭게 성공했을 때, 가면증후군을 겪는 사람들은 자신에게 그러한 결과가 가당치 않다고 여기며, 마치 남들을 속이는 것 같은 기분을 느낀다.

대뇌의 균형 메커니즘

우리의 대뇌는 같은 시간에 같거나 유사한 모종의 플러스 감정이 대량으로 접수되면, 정서적 균형을 유지하기 위한 메커니즘을 자동으로 가동하여 생각과 행동 할 것 없이 마이너스 감정으로 균형을 이루려 한다. 혹은 우리가 플러스 감정을 느끼면 이 감정을 지키려는 원초적 보호 본능이 유발되어 모종의 공격성을 띤 행동을 하게 된다.

삶의 규율을

정하는

연습

09 당신이 돈을 들여
피트니스 센터에 등록하고도
운동하러 가지 않는 이유

최소한의 정신력과 체력으로 일을 완수할 수 있을 만큼 목표를 작게 쪼개 간단한 일부터 하나하나 완수해가다 보면 점차 큰 목표를 향해 나아갈 수 있다.

내가 개인적으로 참 좋아하는 미국의 시사매거진 〈디 애틀랜틱〉에 '당신이 돈을 들여 피트니스 센터에 등록하고도 운동하러 가지 않는 이유'라는 제목의 글이 실린 적이 있다. 모두가 한 번쯤 경험했고, 어쩌면 지금도 누군가는 경험 중일지 모를 이 화제는 단숨에 나의 눈길을 사로잡았다. 아닌 게 아니라 정말 희한하지 않은가? 기껏 돈을 들여 피트니스 센터에 등록해놓고, 속으로는 이를 피하기에 급급하다니 말이다. 그 글에는 동명의 연구보고서 내용이 인용되었는데 내용은 이랬다.

'피트니스 센터 등록 시 1회 10달러, 1개월 70달러라는 옵션이 있을 경우, 대부분의 사람은 70달러짜리를 선택하지만 결국 운동하러 간 날은 한 달에 네 번 정도밖에 되지 않는 것으로 드러났다. 다시 말해서 일주일에 두 번 운동하는 게 뭐 어렵겠어, 라고 쉽게 생각하지

만 애초의 생각과 달리 일주일에 두 번도 운동하러 가지 못했다는 뜻이다.'

이미 70달러라는 비용을 지급했다면 '남는 장사'를 해야 하는 것이 아닐까? 아니다. 사실 '70달러만큼의 가치를 내느냐, 마느냐?', '피트니스 센터를 몇 번 가야 이익인가?' 같은 문제는 생각하는 것만으로도 사람을 피곤하게 만들어 결국 '결정 피로(Decision Fatigue)' 상태에 빠뜨린다. 정신적 피로를 느끼면 우리의 몸은 휴식 모드로 전환하려 하는데, 이 모드 전환에 가장 직접적이고 빠른 방법이 바로 모든 사람과 일과 사물로부터 달아나는 것이다. 즉, 대부분의 사람은 '생각하는 것'을 그 자체만으로도 피곤한 일로 여기고, 이를 피하기 위한 가장 간단한 방법으로 '생각을 하지 않는' 쪽을 선택한다는 얘기다.

행동경제학자가 발견한 현상 중에 '과도한 가치폄하(Hyperbolic Discounting)[*] 혹은 '쌍곡형 할인'이라고 불리는 심리 현상이 있다. '과도한 가치폄하'란 현재의 즐거움에 집중해 미래에 발생할 수도 있는 이익을 과도하게 평가절하하는 심리를 말한다. 이미 회사에 출근해 종일 피로에 시달렸다면, 피트니스 센터로 무거운 발걸음을 돌릴 것이 아니라 집으로 돌아가 쉬고 싶은 것이 당연하다는 소리다. 심지어 '피트니스 센터에 가면 적어도 두 시간은 있어야 하는데, 그곳에서 내 소중한 두 시간을 보내느니 차라리 집에서 휴식을 취하거나 친구를 만나 식사를 하겠어!'라고 생각하기도 한다. 이미 피트니스 센터에 비용을 지급했고, 열심히 운동하겠노라 자기 자신과 약속했음에도 말이다.

나의 경우에는 영화를 볼 때 꽤 자주 이 같은 비이성적인 심리 현상이 나타난다. 개인적으로 영화관에서는 당연히 탄탄한 플롯과 분명한 메시지가 있는 영화를 봐야 한다고 생각하는 주의다. 심오한 영화는 시간을 들여서 볼 가치가 있을 뿐만 아니라 긴 여운을 남기기 때문이다.

그러나 막상 일을 마치고 영화관에 도착해 쇼핑몰을 둘러보고 영화표를 구매할 때가 되면 자연스레 최근 개봉한 할리우드 액션 영화에 마음이 끌린다. 그러고는 생각한다.

'오늘은 피곤해서 머리를 써야 하는 영화는 별로 안 당기네. 그냥 생각 없이 편안하게 볼 수 있는 영화를 봐야겠다!'

이렇게 내 돈 주고 영화를 보러 가서 결국 눈이 즐거운 액션 영화를 선택한 적이 한두 번이 아니다. 물론 영화를 본 후 '왜 돈 주고 이런 영화를 봤지? 완전 시간 낭비했네!'라고 생각한 적도 많다. 그러나 이후 다시 선택의 순간이 왔을 때도 몸이 너무 피곤한 경우에는 여전히 생각 없이 볼 수 있는 가벼운 영화를 골랐다. 따지고 보면 볼만한 가치가 있다고 생각했던 대작들은 오히려 집에서 TV 채널을 돌리다 우연히 발견하고는 중간 광고를 참아내며 띄엄띄엄 본 것이 대부분이다.

그런데 흥미롭게도 영화를 볼 때 나타나는 '과도한 가치폄하' 현상에 대해 정말로 연구를 진행한 사람이 있다. 그 연구 결과에 따르면 미래에 볼 영화를 선택할 때 사람들은 보통 〈라쇼몽〉이나 〈세 가지 색 3부작: 블루, 화이트, 레드〉, 〈쉰들러 리스트〉와 같이 심오한 대작들을 선택하지만, 컨디션이 조금만 좋지 않아도 할리우드 액션 영화나 코미디 영화를 우선순위에 두는 것으로 나타났다. 아마 각자의 VOD 영화 구매 목록만 봐도 구매 당시에는 '죽기 전에 꼭 봐야 할 영화'라고 생각해 시간 날 때 보겠노라 결제해두었지만, 지금까지도 '적당한' 감상 시간을 찾지 못한 영화가 꽤 있을 것이다.

사실 '과도한 가치폄하' 현상이 나타나는 이유는 꽤 명확하다. 우리는 우리 자신에게 가장 이익이 되는 일을 추구하는데, 여기에는 자기 자신에 대한 높은 통제력이 필요하며, '자기통제(Self-Control)'에는 체력과 정신력이 수반되어야 한다. 그러나 이미 고단한 하루를 보냈다거나 누군가에 의해 많은 에너지를 소비한 상황에 '장시간을 투자해야 비로소 이익을 얻을 수 있는 일'에 시간을 할애할 것인지의 결정에서는 당장 자신에게 가장 수월한 일을 선택하게 되어 있다. 왜냐? 사람의 체력이나 정신력에는 한계가 있기 때문이다. 일을 해야 피트니스 센터에 등록하든지 영화를 보러 가든지 할 수 있으니 따지고 보면 어쩔 수 없는 일인 셈이다. 그러므로 인생에서 중요한 결정을 해야 한다거나 제대로 배워둬야 할 일이 있을 때는 휴가를 내어 체력과 정신력을 회복한 후 다시 결정하는 방법을 고려해볼 필요가 있다.

'과도한 가치폄하'가 일어나는 또 다른 이유는 우리 마음속 깊은 곳에 자리한 신념과도 연관이 있다. 다시 말하면 우리가 당장의 즐거움을 추구하는 사람이기 때문에 결정의 순간, 진짜 핵심가치를 드러내게 된다는 뜻이다. 만약 우리 스스로 '나는 당장의 즐거움을 추구하는 사람'임을 인정하고 받아들인다면, 오랜 시간을 들여 자신에게 투자하고, 또 단속하는 문제를 두고 자신을 그리 들볶지 않게 될지도 모를 일이다. 물론 이렇게 되면 마음은 즐거울지 몰라도 결국 자기 자신을 망치는 길이 될 수 있다.

우리 인생이 본래 수많은 타협과 줄다리기의 연속이듯, 더 나은 미래를 바라는 마음과 좀 더 즐거운 현재를 바라는 자신 또한 끊임없이 싸움을 벌인다. 아마 우리는 모두 게으름을 극복해 쉼 없이 발전하는 내가 되길 바라고 있을 것이다. 그렇지 않다면 이 책을 읽고 있지도 않을 테니까 말이다.

그렇다면 우리가 과도한 가치폄하의 저주를 극복할 방법은 무엇이며, 더 이상 후회를 남기지 않을 선택 방법은 또 무엇일까? 여기에 참고할 몇 가지 방법이 있다.

첫째, 자신의 '미래의 자아'를 강화한다. 수시로 미래를 상상하며, 자신이 앞으로 무엇을 얻고 싶은지를 일깨우고, 그 과정에서 생긴 기대감으로 에너지와 동기를 얻는 것이다. 단, '지나치게 이상적인' 미래가 아닌 '현실적인' 미래를 그려야 한다. 그러니 백일몽을 꿔도 좋다. 그러나 무엇보다도 자신이 완수할 구체적인 계획을 상상해보는 것이 가장 좋다.

둘째, 자신이 해야 할 일에 대해 공약을 건다. 결정할 때 반드시 자신이 한 약속에 책임을 져야 한다고 생각하면 유혹 때문에 단기적인 결정을 하는 상황을 막을 수 있다. 자신이 내건 공약을 적어 평소에 자주 볼 수 있는 곳에 붙여놓고 '초심을 잊지 말자'고 스스로 주의를 환기해도 좋다.

셋째, 장기적인 큰 목표를 단계성을 가진 작은 목표로 나누어 하나씩 완료해나간다. 자신에게 장시간 투자를 해야 큰 수익을 얻을 일이 생겼을 때, 우리는 오히려 뒷걸음질을 치기도 한다. 목표가 너무 크기 때문이다. 이럴 때는 성장하는 과정이라고 생각하는 것이 도움 된다. 그렇다면 큰 목표에 도달하기까지는 몇 개의 작은 목표를 완수해야 할까? 매일 피트니스 센터에 가는 것을 큰 목표라고 가정한다면, 처음부터 지옥 훈련에 버금가는 하드트레이닝을 할 것이 아니라 비교적 쉽고 간단한 강습을 받는 것으로 시작하는 것이 좋다. 또는 하루 30분 정도로 시작하여 익숙해진 뒤 다시 시간을 연장하도록 한다.

최소한의 정신력과 체력으로 일을 완수할 수 있을 정도로 목표를 작게 쪼개 간단한 일부터 하나하나 완수해가다 보면 점차 큰 목표를 향해 나아갈 수 있다. 그러면 너무 요원한 목표를 설정할 일도 없고, 목표를 완수할 때마다 작은 성취감을 쌓아나갈 수도 있다.

요컨대 우리에게 '과도한 가치폄하' 현상이 나타나고 있음을 확실하게 인정하고, 이것이 지극히 자연적인 현상임을 인지한 후, 다시 이성적인 선택을 하도록 해야 한다. 지속적인 성장으로 지금보다 더 나은 내가 되길 원한다면 현재 당면한 비이성을 한 걸음, 한 걸음 차근차근 극복해나가라! 극복한 후에는 잠시 쉬어도 좋다. 어쨌든 '놀지 않고 일(또는 공부)만 하면 바보가 되는 법(All work and no play, makes Jack a dull boy)'이니까 말이다. 그러니 <u>진보하되 따분하지 않은 사람</u>이 되자!

과도한 가치폄하의 저주에서 벗어나는 법

WAY 1 자신의 '미래의 자아'를 강화한다. 수시로 미래를 상상하며, 자신이 앞으로 무엇을 얻고 싶은지를 일깨우고, 그 과정에서 생긴 기대감으로 에너지와 동기를 얻는다.

WAY 2 자신이 해야 할 일에 대해 공약을 건다. 결정할 때 반드시 자신이 한 약속에 책임을 져야 한다고 생각하면 유혹 때문에 단기적인 결정을 하는 것을 막을 수 있다.

WAY 3 장기적인 큰 목표를 단계성을 가진 작은 목표로 나누어 하나씩 완료해 나아간다.

10 목표를 세울 때는
의지력으로 유혹에 맞서지 말라

다른 사람이나 자신의 행동을 바꾸고 싶다면 마음의 준비를 단단히 해야 한다. 문제행동이 사라지기 전에 더 악화되는 순간이 찾아올 테니까 말이다.

일상생활에서 흔히 일어날 수 있는 비이성적인 상황이 있다. 아마 다이어트를 해본 경험이 있는 사람이라면 100% 공감할 것이다.

내 친구 샤오위에는 설을 쇤 후 자신의 체중이 꽤 불었다는 사실을 깨닫고는 다이어트를 결심했다. 그날부터 그녀는 매 끼니의 칼로리를 계산해 식단을 조절하고, 매일 피트니스 센터에 출석 도장도 찍었다. 그녀의 다이어트 계획은 꽤 순조롭게 진행됐고 그녀는 느낌이 좋았다. 이대로라면 체중감량도 어려울 것 없겠다는 생각이 들었다.

그러던 어느 날이었다. 밖에는 추적추적 비가 내리고 모처럼 할 일 없이 혼자 집에 있던 샤오위에는 그동안 보지 못한 드라마나 봐야겠다며 '몰아보기'를 시작했다. 그렇게 드라마를 보고 또 보는 중에 그녀는 갑자기 초콜릿이 먹고 싶어졌다. 그리고 생각했다.

'초콜릿 정도의 칼로리는 괜찮겠지? 카카오 함량이 높은 초콜릿은

다이어트에 도움 된다고 했어!'

그런데 그렇게 먹기 시작한 초콜릿이 재앙의 시작이 될지 누가 알았겠는가! 그녀가 정신을 차렸을 때, 그녀는 이미 초콜릿 한 봉지를 다 먹어치우고 난 후였다.

'이럴 수가!'

물밀 듯 밀려오는 죄책감에 샤오위에는 결국 이성과 정반대되는 일을 하고 말았다. 오후 내내 드라마를 몰아보며 두 번이나 배달음식을 시킨 것도 모자라 분노에 가득 차 아이스크림 한 통을 모두 비워낸 것이다!

그동안 잘 지켜오던 식단관리는 이 한 번의 폭음과 폭식으로 엉망이 되어버렸다. 이건 대체 어떻게 된 것일까? 행동심리학에서는 이러한 현상을 '소거 격발(Extinction Burst)*'이라고 부른다.

'소거 격발'은 우리의 일상생활에서 흔히 나타나는 현상 중 하나다. 다이어트나 금연을 할 때뿐만 아니라 우리가 어떤 나쁜 습관을 고치려 할 때, 성공을 앞두고 공든 탑이 무너지는 경우가 종종 발생하는데, 이는 우리가 노력을 하지 않아서 혹은 노력이 부족해서가 아니라 우리의 대뇌가 온 힘을 다해 우리 자신과 맞서 싸우고 있는 중이기 때문이다.

먼저 우리는 습관이 어떻게 형성되는지를 알아야 할 필요가 있는데, 습관은 보상과 떼려야 뗄 수 없는 관계가 있다. 즉, 어떤 일을 해서 보상을 얻게 되면 우리는 계속 그 행동을 하게 되고 이로써 습관이 생기는 것이다. 예를 들어 엄마를 따라 상점에 간 아이가 지루함에 짜증을 부리며 보채기 시작하자 엄마가 아이에게 사탕을 사주었다고 가정해보자. 이때 아이에겐 사탕이 곧 보상인 셈이다. 상점에 갔을 때, 아이가 보채면 엄마가 사탕을 사주는 상황이 몇 번 반복되다 보면 아이는 상점에 갈 때마다 떼를 쓰게 된다. 아이의 머릿속엔 이미 떼를 쓰면 사탕이라는 보상이 따라온다는 생각이 하나의 공식처럼 자리 잡았기 때문이다.

물론 이때 보상을 없애기만 하면 아이의 문제행동도 사라진다. 더 이상 사탕이라는 보상이 주어지지 않으면 아이도 떼를 써봐야 소용이 없다는 사실을 알게 될 테니까 말이다. 단, 보상을 없애 아이의 행동을 바로잡으려면 끝까지 단호함을 잃지 말아야 한다. 문제행동이 사라지기 전에 그것이 더 나빠지는 순간이 반드시 찾아오기 때문이다. 행동심리학자들은 동물과 인간에게 모두 이러한 '소거 격발', 즉 문제행동이 사라지기 전에 갑자기 그 문제행동이 폭발하며 더 심해지는 현상이 나타난다고 말한다.

아마 다들 한 번쯤 컴퓨터가 다운됐던 경험이 있을 것이다. 갑자기 먹통이 된 컴퓨터를 마주했을 때, 당신은 어떤 반응을 보였는가? 키보드를 두드려보고, 마우스도 클릭해보고, 이것저것 닥치는 대로 눌러보다 컴퓨터를 힘껏 때려보기도 하고, 그래도 여전히 반응이 없으면 그제야 단념하지 않았던가? 이것이 바로 '소거 격발'이다.

물론 컴퓨터는 타협하지 않는다. 우리가 아무리 키보드를 두드리고 컴퓨터를 때려봐도 다운된 컴퓨터는 다운된 컴퓨터일 뿐, 아무런 도움이 되지 않는다. 오히려 자칫하면 상태가 더 안 좋아질 뿐이다.

그러나 사람은 타협하기도 하고, 마음이 약해지기도 한다. 엄마가 아이의 떼쓰는 행동을 바로잡겠다고 아이에게 사탕을 주지 않기로 했다면 어떻게 될까? 한동안 아이는 더 심한 떼를 부릴 것이다. 이때 엄마가 마음이 약해져서 혹은 창피하다는 생각에 더 이상 아이의 생떼를 견디지 못하고 "알았어, 알았어. 사탕 사줄 테니까 조용히 하기!"라고 말한다면 상황은 더욱 곤란해진다. 이후 아이의 행동을 바로잡고 싶어도 한층 더 심해진 소거 격발 현상 때문에 현상 유지 시간 또한 훨씬 더 길어질 테니까 말이다.

그러므로 다른 사람이나 자신의 행동을 바꾸고 싶다면, 문제행동이 사라지기 전에 더 악화되는 순간이 찾아온다는 사실을 잊지 말고 마음의 준비를 단단히 해야 한다.

그럼 다시 샤오위에의 이야기로 돌아가자. 식단관리는 왜 그렇게 하기 어려운 걸까? 그 이유는 바로 당근과 채찍이 모두 자신의 손에 들려 있는 데다 자신과 타협을 하기란 매우 쉬운 일이기 때문이다. 게다가 음식을 먹는 행위 자체는 반드시 보상된다기보다 보상을 얻기 위한 행동에 불과하다. 진정한 보상은 포만감이나 맛있는 음식을 먹고 난 후에 느끼는 행복감이기 때문이다.

평소 샤오위에는 식단관리를 하며 넘치는 식욕을 나름대로 잘 참아내는 편이지만, 비가 내리고 혼자 집에서 드라마 몰아보기를 하는 날이면 쉽게 이성의 끈을 놓고 만다. 약간의 공허함과 약간의 외로움을 달래는 데 초콜릿을 먹으며 드라마를 몰아보는 것만큼 그녀에게 좋은 방법은 없기 때문이다. 샤오위에가 전부터 이런 습관을 가지고 있었다면, 다이어트한답시고 드라마를 보며 샐러드를 먹었어도 결과는 마찬가지였을 것이다. 그녀의 대뇌는 분명 그러한 변화에 저항해 소거 격발을 일으켰을 테고, 결국 식욕은 더 폭발했을 것이다.

그렇다면 샤오위에는 어떻게 해야 이런 간헐적 폭식에서 벗어날 수 있을까? 욕구가 폭발할 것 같은 느낌이 들 때, 서둘러 '대체 방안'을 적용해야 한다. 다시 말하면 사전에 대체 방안을 마련해두어야 한다는 얘기다. 예컨대 친구에게 자신의 다이어트 계획을 공유하고, 자신이 SOS 전화를 걸면 무조건 주의 환기가 필요하다는 뜻이니 수다를 떨며 다이어트에 힘이 되는 이야기를 해주거나 자신을 집 밖으로 불러달라고 미리 부탁해놓는 것이다.

비단 다이어트할 때뿐만 아니라 금연이나 금주를 할 때도 마찬가지다. 자신을 변화시키려고 하면 성공의 문턱에서 꼭 배수진을 치는 것이 바로 인간의 잠재의식이다. 그러므로 대뇌가 나를 궁지에 몰아넣고 반격을 가할 때를 대비해 반드시 비상계획을 세워두어야 한다. 대뇌의 공격에 더 이상 버티지 못할 것 같은 순간이 오거든, 가족이나 친구의 도움을 받아 정신을 분산시키고 환경을 바꿀 수 있도록 말이다.

성공의 문턱에서 자꾸만 일을 그르치게 되는 이유는 자신의 의지력이 약해서가 아니라 소거 격발의 힘이 너무 강하기 때문이다. 그러나 소거 격발이 일어나는 원인을 이해하고, 사전에 대체 방안을 세워둔다면 나쁜 습관을 고치는 일도 더 이상 불가능한 것만은 아닐 터이다.

나쁜 습관을 고치는 방법

STEP 1 ✄ 다른 사람이나 자신의 행동을 바꾸고 싶다면, 문제행동이
사라지기 전에 더 악화되는 순간이 찾아온다는 사실을 잊지
말고 단단히 마음의 준비를 한다.

STEP 2 ✄ 사전에 대체 방안을 마련해둔다.

STEP 3 ✄ 욕구가 폭발할 것 같은 느낌이 들면 서둘러 대체 방안을 적
용한다. 정신을 분산시키거나 환경을 바꿀 수 있도록 가족
이나 친구의 도움을 받는다.

11 우리가 집착을 버리기 어려운 이유

내가 연연하는 것은 대상 자체가 아니라 그 대상에 얽힌 추억이며, 기억해야 할 추억은 이미 마음에 새겨두었다고 자신에게 말해주자.

불필요한 것을 끊고(斷), 버리고(捨), 집착에서 벗어나는(離) 일이 왜 그리 어려운지 생각해본 적 있는가? 왜 우리는 버려야 할 것들조차 도 버리지 못하는 걸까?

아마 살면서 다들 한 번쯤 이런 경험을 해본 적이 있을 것이다. 새해맞이 대청소를 하다 치우고 치워도 샘솟듯 나오는 물건들에 '아, 집에 이렇게 많은 물건이 있었구나!' 하고 새삼 깨닫게 된 경험 말이다. 중학생 때 구입한 우표며, 고등학생 때 가장 좋아했던 운동복, 대학생 때 수집했던 책갈피까지……. 게다가 나뿐만 아니라 어머니, 아버지의 물건까지 따지면 정리해야 할 것들이 그야말로 산더미였을 것이다. 그러나 이건 버리기 아까워서, 저건 중요한 물건이라, 이건 기념할 만한 가치가 있으니까, 저건 당시에 비싸게 주고 산 물건이라 등의 이유로 결국 버리지 못하고 다시 서랍 속으로 향한 물건이 많지 않던가?

그런데 우리가 이처럼 쉽게 물건을 버리지 못하는 건 우리가 꼭 검소하기 때문만은 아니다.

불필요한 것을 끊고 버리고 집착에서 벗어난다는 일명 '단사리(斷捨離, 2011년 일본에서 유행하기 시작한 단샤리[だんしゃり]에서 유래된 한자어)'는 일본 불교 용어에 뿌리를 두고 있는데, 요즘은 '미니멀 라이프'의 한 개념으로 인식되고 있다. 그러나 '단사리'의 경지에 이르려면 확실히 수련이 필요하다. 그렇다면 우리는 왜 우리에게 불필요한 것을 끊어내지 못하고, 버리지 못하며, 집착에서 벗어나지 못하는 것일까? 심리학에서는 두 가지 이론으로 이러한 현상을 설명할 수 있다고 본다.

그 첫 번째 이론은 바로 '소유 효과(Endowment Effect)[*]'이다. 당신이 5만 원짜리 티셔츠를 구매했다고 가정했을 때, 당신에게 그 옷의 가치는 과연 딱 5만 원만큼일까? 그렇지 않을 것이다. 그 티셔츠는 이미 당신의 것이 되었고, 당신의 마음속에서 5만 원의 가치를 넘어섰을 테니까 말이다. 누군가 그 티셔츠를 팔라고 하면 당신은 아마 '8만 원은 받아야지'라고 생각할지도 모른다. 그러나 반대로 "당신이라면 이 티셔츠를 얼마에 주고 사시겠습니까?"라고 묻는다면 당신은 여전히 5만 원을 생각할 것이다. 자신이 어떤 대상을 소유하는 데 낼 수 있는 돈과 그 대상과의 이별에 낼 수 있는 돈은 언제나 차이가 나는데, 그것은 바로 소유 효과 때문이다.

물론 '이 티셔츠를 구매하기 위해 시간을 할애했으니 그 시간 또한 비용에 포함해야 한다'라고 생각할 수도 있다. 이는 합리적인 생각임에 틀림이 없다. 그러나 소유 효과가 희한한 점은 바로 다른 사람에게 받은 물건에 대해서도 똑같이 과대평가가 이뤄진다는 사실이다. 행동 심리학자가 이런 실험을 한 적이 있다. 실험 대상자를 A와 B그룹으로 나누고, A그룹 사람들에게 커피를 마실 때 사용하는 평범한 머그컵을 선물한 후, "만약 누군가가 당신에게 그 머그컵을 사겠다고 한다면 당신은 얼마에 컵을 파시겠습니까?"라는 질문을 던진 것이다. 이에 A그룹 사람들이 제시한 가격은 평균 7달러 정도였다. 한편 B그룹의 사람들에게는 똑같은 머그컵을 건네며 "이 머그컵은 당신의 것이 아닙니다. 만약 당신이 이 머그컵을 구매해야 한다면 얼마를 지불하시겠습니까?"라고 물었고, 그 결과 그들이 말한 가격은 평균 3달러로 A그룹이 제시했던 가격과 곱절 이상의 차이가 났다.

실제 연구 결과에 따르면 아무 대가를 지불하지 않았어도 자신의 것이 되면 그 대상의 가치를 높게 평가하기 시작한다고 한다.

소유 효과가 나타나는 이유 중 하나는 우리가 '상실'의 느낌을 좋아하지 않기 때문이다. 심리학에서는 이를 '손실회피성(Loss Aversion)*'이라고 하는데, 이는 '끊고, 버리고, 벗어나기'를 어려워하는 우리의 심리적 현상을 설명해줄 두 번째 이론이기도 하다.

이익과 손실의 규모가 같을 때, 우리는 이익보다 손실을 더 크게 느낀다. 무언가를 얻었을 때의 기쁨은 무언가를 잃은 아픔을 영원히 이길 수 없다는 뜻이다. 관련 통계에 따르면 이 효과가 이익과 손실의 체감 차이를 2배에서 2.5배까지 벌여놓는다고 한다. 예컨대 1만 원을 잃었을 때의 상실감이 1만 원을 얻었을 때의 행복감보다 크며, 길에서 실수로 1만 원을 잃어버리면 최소 2만 원이나 2만 5천 원을 얻어야 1만 원을 잃어버린 상실감을 상쇄할 수 있다는 것이다.

이는 어떤 일을 평가할 때도 마찬가지다. 그래서 세일즈맨들은 이러한 심리를 곧잘 이용하고는 한다. 예를 들면 공기청정기를 판매할 때, 해당 가전이 집 안 공기를 얼마나 깨끗하게 만들어주느냐를 설명하면서 품질이 나쁜 공기청정기를 사용하거나 공기청정기를 아예 사용하지 않을 경우 가족 건강에 미칠 악영향을 강조하는 것이다. 그리고 거기에 판매하고자 하는 브랜드의 제품력과 기능의 다양성, 가격의 합리성을 언급해 설득력을 더한다.

소유 효과와 손실회피성은 비단 우리가 물건을 사고팔 때뿐만 아니라 우리의 투자행위에도 영향을 주어 사회 전반에 간접적인 영향을 미친다. 예컨대 주가가 단기간에 상승할 가능성이 없거나 현재보다 더욱 하락할 것이 예상될 때도 투자자들은 대개 손절매(주가가 떨어질 때 손해를 보더라도 팔아서 추가 하락에 따른 손실을 피하는 기법)를 하는 대신 언젠가 기사회생하기를 기대하며 기다리는 쪽을 선택한다. 손절매하지 않으면 '정말' 손해를 보는 것은 아니라는 생각에 추가 손실을 막을 결정적 시기를 놓치는 것이다. 그래서 누군가는 이렇게 말했다.

"머니 게임에는 감정을 배제해야 한다."

끊어내고, 버려야 할 때는 아무리 고통스럽다 하더라도 즉각 행동에 옮겨야 한다는 뜻이다.

우리는 자신이 가진 것을 과대평가하고, 손에 쥔 것을 잃을까 봐 몹시 두려워하기도 한다. 그렇다면 소유 효과와 손실회피성이라는 두 가지 개념에 대해 조금은 이해하게 된 지금, 우리는 어떻게 하면 사람과 일과 물건에 대한 집착을 버릴 수 있을까?

첫째, 손절 시점(Stop-Loss Point)을 정하고 자신에게 시간을 주어 그 시간 안에는 반드시 불필요한 것을 끊고, 버리고, 집착에서 벗어나기 위한 결정을 내려보자. 과거 내 경험을 예로 들면 30분 안에 책꽂이를 정리하기로 하고, 초시계로 카운트다운을 설정해놓으니 보이지 않는 시간적 압박에 좀 더 쉽게 결정을 내릴 수 있었다.

둘째, 추억이 가득 담긴 대상이라면 자신한테 이렇게 말해주자. 내가 연연하는 것은 대상 자체가 아니라 그 대상에 얽힌 추억이며, 기억해야 할 추억은 이미 마음에 새겨두었다고 말이다. 그러니 추억이 깃든 대상과 이별할 때는 그 감정을 인정하는 시간을 가져보자. 일본 최고의 정리 컨설턴트 곤도 마리에는 이렇게 조언한다.

"당신과 여러 해 함께한 물건에는 감정이 실리게 마련입니다. 그러니 물건을 버리거나 다른 곳에 기부할 때는 그동안 함께해줘서 고맙다는 인사를 전해보세요."

셋째, '이 물건이 내 것이 아니라면, 나는 이 물건을 구매하는 데 얼마의 돈을 기꺼이 지불할 수 있을까?'를 자문해보자. 당시엔 그렇게 좋았던 물건이 지금은 누가 선물을 해준다고 해도 썩 달갑지만은 않을 것 같다면 아까워서 버리지 못할 이유가 뭐 있겠는가?

이는 내 실제 경험에서 우러난 조언이기도 하다. 언젠가 지인에게 선물을 받아 딱 한 번 사용한 스마트밴드가 있었다. 항상 책상 위에 놓여 있는 그 물건을 볼 때마다 왠지 자원을 낭비하는 것도 같고, 내가 그 가치를 충분히 활용하지 못하는 것 같아 아깝기도 했다. 그러던 어느 날 문득 이런 생각이 들었다.

'볼 때마다 묘한 죄책감이 드는데, 굳이 저기 저렇게 둘 필요가 있을까?'

그래서 나는 이 스마트밴드를 다른 친구에게 선물했고, 고맙게도 그는 나의 선물을 무척 좋아해주었다. 매일 착용하는 것은 물론이고, 이를 계기로 운동을 시작해 이후 이 스마트밴드를 차고 마라톤까지 완주했다. 그날 그가 피니시 라인에서 스마트밴드를 찍은 사진을 내게 보내주었는데, 그 사진을 보고 그에게 선물하길 참 잘했다는 생각이 들었다.

자신에게 별로 중요하지 않은 물건이라면 집에 쌓아두느니 다른 사람에게 선물하는 것이 낫다. 우리의 생활공간을 차지했던 물건이라면 분명 우리의 마음속에도 공간을 차지하고 있을 것이다. 그러니 낡고 오래된 물건을 정리해 새로운 물건을 위한 공간을 마련해보자. 불필요한 것들을 끊고, 버리고, 집착에서 벗어날 줄 알아야 비로소 더 유연한 사고를 가진 좀 더 나은 내가 될 수 있다.

매일
3분
습관

불필요한 것을 끊고, 버리고, 집착에서 벗어나는 방법

STEP 1 ✎ 손절 시점을 정하고 자신에게 시간을 주어 그 시간 안에는 반드시 불필요한 것을 끊고, 버리고, 집착에서 벗어나기 위한 결정을 내리도록 한다.

STEP 2 ✎ 추억이 깃든 대상과 이별할 때는 그 감정을 인정하는 시간을 가진다.

STEP 3 ✎ '만약 이 물건이 내 것이 아니라면, 나는 이 물건을 구매하는 데 얼마의 돈을 기꺼이 지불할 수 있을까?'를 자문해본다.

12 잡념을 없애고 싶다면
주변의 잡동사니부터 치워라

주변을 깨끗이 정리하고 가만히 앉아 명상하거나, 녹음이 우거진 자연 속에 파묻혀 우리의 두뇌에 휴식과 회복의 시간을 주자.

현대인이라면 누구나 '집중력' 저하의 순간에 맞닥뜨려보았을 것이다. 생각해보라. 친구가 당신과 대화를 나누며 연신 스마트폰을 들여다보더니 잠시 후 "방금 뭐라고 했지?"라고 반문했던 경험, 그래서 친구에게 '등짝 스매싱'이라도 날려 대화에 집중하게 만들고 싶었던 적, 다들 한 번쯤 있지 않은가? 사실 친구는 고의가 아니었을지도 모른다. 그리고 어쩌면 당신도 그때 그 친구와 똑같이 행동했거나, 행동할 날이 올지도 모를 일이다.

우리는 정보의 홍수 속에 살고 있고, 그만큼 정신이 분산되기 쉽기 때문이다. 통계에 따르면 사무실에서 근무하는 일반 사무직의 경우 평균 12분에 한 번꼴로 방해를 받으며, 강의를 듣는 대학생의 경우 평균 3분에 한 번꼴로 한눈을 판다고 한다. 그러고 보면 '산만함'은 이미 현대인의 고질병이 된 셈이다.

최근 미국의 뇌신경 전문가 애덤 개절리와 심리학자 래리 로젠은 《산만해진 마음》이라는 책을 출간했는데, 그들이 연구한 바에 따르면 '집중력*'은 대뇌의 서로 다른 두 가지 기능으로 구성된다고 한다. 그중 하나는 중요한 신호를 확대하는 증강(Enhancement)기능이며, 다른 하나는 불필요한 정보를 걸러주는 억제(Suppression)기능이다. 우리가 흔히 정신을 집중하려면 "한눈을 팔지 말아야 한다"고 말하는데, 이는 온갖 잡다한 정보를 억제하는 동시에 집중해야 할 정보를 확대해야 하기 때문이다.

과거 심리학자들은 '증강'과 '억제'가 동전의 양면과 같다고 보았다. 그러나 최근 연구 결과에 따르면 이는 각각 독립적으로 작용하는 완전히 다른 시스템으로, 심지어 대뇌에서 이를 주관하는 부위 또한 달라 어느 한 시스템에 문제가 발생하면 집중력이 저하되는 것으로 밝혀졌다.

한편 평균 집중력이 가장 강한 연령대는 20대라고 한다. 당시엔 딱히 그런 느낌을 받지 못할지라도 말이다. 20세면 내가 대학교 2학년 때인데, 나도 당시엔 내 집중력이 다람쥐의 것과 별반 다를 바 없다고 생각했다. 그런데 지난번 모교에서 열린 동문회에 참석했다가 20년 전에 거주했던 기숙사를 둘러보고는 그제야 새삼 깨달았다.

'와! 학생 기숙사가 이렇게나 시끄러웠구나! 각종 음악 소리에 이야기 소리, 웃음소리, 발소리, 문소리까지……. 이런 환경에서 공부하고 리포트를 작성하는 건 정말 이십 대일 때나 가능한 일이겠다!'

집중력은 나이가 듦에 따라 조금씩 저하된다. 그런데 흥미로운 사실은 40대와 20대의 '증강' 시스템상에서는 그리 뚜렷한 변화가 관찰

되지 않았지만, '억제력', 즉 잡다한 정보를 거르는 능력은 나이가 듦에 따라 약화되었다는 점이다.

어르신들이 "식당이 너무 어수선해서 밥이 입으로 들어가는지 코로 들어가는지 모르겠네"라든지 "신문을 보는 중이니 TV 소리 좀 줄여줄래?"라는 말을 자주 했던 데에는 다 이유가 있었던 셈이다. 지금은 어르신들의 이런 말에 너무 예민한 것 아닌가 생각할지 모르지만, 그 나이가 되면 우리 또한 그들과 같은 말을 하게 될지 모른다는 소리다.

'집중력'은 비단 정신뿐만 아니라 우리의 신체와도 연관이 있다. 예컨대 어떤 물건이나 디테일을 떠올릴 때 저도 모르게 실눈을 뜨게 되는 경우가 있는데, 이 미미한 반응이 바로 '억제'기능이 작용하고 있다는 증거다. 눈을 감으면 우리의 대뇌가 불필요한 장면을 걸러내는데 많은 에너지를 소비할 필요가 없어지고, 이로써 기억과 생각을 하는 데 더 많은 주파수를 사용할 수 있기 때문이다.

애덤 개절리와 그의 연구팀은 세 가지 상황을 설정해 기억력 테스트를 진행했다. 첫 번째는 화려한 그림을 보며, 두 번째는 회색빛의 벽을 보며, 그리고 세 번째는 눈을 감은 상태에서 얼마나 많은 디테일을 기억하느냐를 시험한 것이다. 그 결과 화려한 그림을 보며 테스트를 받았을 때의 기억력과 집중력이 회색 벽을 보고 있을 때나 눈을 감았을 때보다 못한 것으로 나타났다.

그런 의미에서 중요한 일을 앞두고 집중할 필요가 있다면 주변의 잡동사니부터 치우는 것이 좋다. 책상이 지저분해도 못 본 척하면 그만이라고 생각할지 모르지만, 그럼에도 우리의 대뇌는 이러한 정보를 여과하기 위해 엄청난 에너지를 소모하게 되고 결국 집중력에도 영향을 미치기 때문이다.

그러니 다음부터는 일을 시작하기 전에 먼저 책상을 정리하는 시간을 가져보자(물론 이를 핑계로 시간을 끌어서는 안 된다)! 컴퓨터 바탕화면에 가득한 바로 가기 아이콘들을 숨기고, 당장 작업에 필요한 창만 보이도록 하는 것도 일의 효율을 높이는 좋은 방법이다. 또한 스마트폰과 컴퓨터의 메시지 알림을 끄는 간단한 조작만으로도 잡음을 없애 업무효율을 크게 높일 수 있다.

주변 환경이 너무 시끄러워서 귀마개도 소용이 없을 때는 이어폰을 추천한다. 그러나 음악을 듣기보다 곤충의 울음소리나 빗소리, 파도 소리 등 자연의 소리를 듣는 것이 집중력을 높이는 데 좀 더 효과적이다. 이런 소리들은 다른 잡음을 덮어주면서도 대뇌의 주파수를 그리 많이 차지하지 않아 마음을 편안하게 해주는 효과가 있기 때문이다.

물론 '억제' 시스템의 원활한 작동을 돕는 한편, '증강' 시스템을 강화하는 훈련도 필요하다.

연구 결과에 따르면 '명상'은 '증강' 시스템을 강화하는 데 매우 좋은 훈련법이다. 약 10분간 눈을 감고 조용히 자리에 앉아 천천히 호흡을 가다듬으며 온전히 호흡에 집중해 내가 호흡이 되고, 호흡이 내가 되는 기분을 느껴보는 것이다. 가만히 앉아 숨을 쉬는 게 뭐가 어려울까 싶겠지만 직접 해보면 금세 알 것이다. 내가 호흡이 되고, 호흡이 내가 되려면 고도의 집중력이 필요하다는 사실을 말이다. 실제로 과학자들이 일반 회사원들을 대상으로 매일 30분간 마음 챙김 명상을 진행한 적이 있다. 그 결과 8주 후, 사람들의 대뇌 활성도와 조화도가 대부분 증가했으며, 정서적 안정성도 높아져 집중력이 필요한 순간 집중할 수 있게 되었다.

'증강' 시스템을 강화하는 또 다른 훈련법은 '자연을 가까이하는 것'이다. 자연은 인간의 집중력과 기억력을 회복시켜주는 치유의 힘이 있다. 이는 이미 여러 연구를 통해서도 증명된 사실이다. 예컨대 학생들에게 머리를 많이 써야 하는 문제를 풀게 해 집중력이 거의 바닥났을 즈음, 이들을 세 그룹으로 나눠 A그룹의 학생들은 자연 속에서, B그룹의 학생들은 도시에서 산책하고, C그룹의 학생들은 온전히 휴식을 취한 후 실험실로 돌아오도록 했다. 그 결과 자연 속에서 산책한 A그룹 학생들의 집중력이 가장 많이 회복된 것으로 나타났다. 또 어떤 연구 결과에 따르면 녹음이 우거진 풍경 사진을 보는 것만으로도 집중력 회복에 도움 되는 것으로 밝혀졌다. 그러니 컴퓨터 바탕화면을 풍경 사진으로 바꿔봐라!

컴퓨터 얘기가 나왔으니 말이지만 집중력 훈련에 도움 되는 컴퓨터 게임도 있다(그렇다고 너무 흥분할 건 없다. 모든 게임이 다 도움 되는 건 아니니까 말이다). 예컨대 1인칭 슈팅 게임(일명 FPS)처럼 비교적 시각적이고 현장감이 있는 게임의 경우 집중력 훈련에 도움 되는 편이다. 장면 전환이 잦고, 혼란 속에서 재빠르게 타깃을 찾아야 하는 게임의 특성 때문이다. 과학자들은 대뇌가 최고의 집중력을 유지할 수 있도록 향후 이러한 게임에 상호작용과 명상을 결합해 동적·정적 훈련을 번갈아 진행하는 방법을 마련할 계획이다.

요컨대 집중력을 높이려면 증강과 억제 시스템을 동시에 관리해야 한다. 시각과 청각 모두 대뇌운동에 영향을 미치는 만큼 우리의 '억제'

시스템이 유혹에서 벗어나 제대로 가동될 수 있도록 가능한 한 업무 환경은 간소화하자. 그리고 주변을 깨끗이 정리하고, 가만히 앉아 명상하거나, 녹음이 우거진 자연 속에 파묻혀 우리의 두뇌에 휴식과 회복의 시간을 주자. 이를 모두 시도한 후에는 어떤 연습이든 효과를 보기까지 시간이 필요하다는 사실을 잊지 말아야 한다. 즉각적인 효과를 기대한다면, 그 기대가 오히려 부담으로 작용해 집중력이 흩어질 수 있다.

그러니 집중력을 높이는 연습을 생활습관으로 만들자. 집중력이 부족한 것은 단점이 아니다. 부족한 집중력은 훈련을 통해 얼마든지 강화할 수 있다.

**매일
3분
습관**

집중력 강화 연습법

STEP 1  집중력을 강화하려면 대뇌의 증강 시스템과 억제 시스템을 동시에 관리하자.

STEP 2 우리의 '억제' 시스템이 유혹에서 벗어나 제대로 가동될 수 있도록 가능한 한 업무환경을 간소화하자.

STEP 3 주변을 깨끗이 정리하고, 가만히 앉아 명상하거나, 녹음이 우거진 자연 속에 파묻혀 우리의 두뇌에 휴식과 회복의 시간을 주자.

13 당신에게 부족한 것은 능력이 아니라 자기긍정이다

서두르지도, 화내지도 말라. 걸음을 늦추고 심호흡을 하라. 그리고 좋은 친구를 찾아 서로 격려하라. 그러면 더 나은 내가 될 것이다.

앞서 언급했듯이 내 친구 샤오위에는 다이어트 중이다. 그녀에게는 마음 따뜻한 좋은 친구가 있는데, 샤오위에가 다이어트를 한다는 사실을 알고 난 후부터 함께 운동 가자며 종종 그녀를 불러내곤 했다. 그러나 샤오위에는 그때마다 번번이 거절하며 말했다.

"운동? 됐어! 나 운동신경 완전 꽝이거든!"

하지만 그녀의 친구는 포기하지 않았고, 결국 반속임수로 샤오위에를 꾀어내 함께 피트니스 센터에서 진행하는 스트리트 댄스 수업을 받으러 가는 데 성공했다.

피트니스 센터는 매우 떠들썩했고, 교실 안에는 K-POP 뮤직비디오에서 방금 튀어나온 듯한 미남미녀들이 가득했다. 잠시 후, 선생님이 교실 안으로 뛰어 들어오더니 활기찬 목소리로 말했다.

"여러분! 오늘은 신나게 리듬을 조금 빠르게 가봅시다! Are you

ready? 4, 3, 2, 1!"

음악이 재생되자 수강생들은 모두 빠르게 율동을 시작했다. 샤오위에만 빼고! 그녀는 마치 한밤중에 자동차 헤드라이트를 보고 놀란 사슴처럼 눈을 멀뚱대며 제자리에 서 있었다. 첫 번째 음악이 채 끝나기도 전에 샤오위에는 교실을 뛰쳐나왔다. 친구는 그녀를 쫓아 나와 왜 그러냐고 물었고, 샤오위에는 눈물을 글썽이며 말했다.

"내가 말했잖아. 난 운동신경이라고는 없다니까!"

샤오위에가 이런 행동을 하게 된 이유는 '학습된 무력감(Learned Helplessness, 또는 학습된 무기력)*'에 사로잡혔기 때문이다. 이는 경험으로 학습한 무력감으로 저도 모르게 소극적이고 부정적인 상태가 되는 것을 말한다.

자신이 어떠한 행동을 했을 때 원하는 결과를 얻지 못하거나 극복할 수 없는 힘든 상황을 반복적으로 겪게 되면 조금씩 무력감을 받아들여 자신감을 잃게 되고, 심지어 상황을 바꿀 기회가 와도 "난 못해"라며 포기하게 된다. 여기서 주목할 점은 한두 번의 경험이 아니라 장기적으로 반복된 경험으로 학습된 무력감이 형성된다는 사실이다.

샤오위에의 친구는 그녀와 함께 피트니스 센터를 나와 커피숍으로 향했다. 두 사람은 그곳에서 한참 동안 이야기를 나누었고, 샤오위에는 그제야 자신의 이야기를 털어놓았다. 어렸을 때 또래 친구들보다 키도 크고 덩치도 좋았던 그녀는 왠지 모르게 엉성한 자세 때문인지 체육 시간마다 선생님에게 놀림을 받았다고 했다.

"덩치는 그렇게 좋은 녀석이 어쩜 그렇게 운동신경이 없니? 보기엔 딱 운동부 선수인데!"

사실 그전까지만 해도 샤오위에는 농구를 참 좋아했고, 슛도 꽤 잘 넣는 편이라 단 한 번도 자신에게 운동신경이 없다는 생각을 해본 적이 없었다. 그런데 주변 사람들이 하나 같이 운동신경이 없다고 말을 하다 보니 자기 자신도 '그런가 보다' 하고 느끼게 되었고, 그 후부터 습관적으로 모든 운동을 피하게 됐다는 것이다. 그렇게 오랫동안 운동을 하지 않았으니 운동 자체가 어색해졌음은 물론이었다.

이에 어쩌면 당신은 '샤오위에가 너무 쉽게 운동을 포기한 것은 아닐까?'라고 생각할지도 모른다. 확실히 어떤 사람들은 실패가 두려운 나머지 몇 번의 좌절 끝에 중도 포기를 선언하기도 한다. 그러나 '학습된 무력감'을 가진 사람 대다수는 단순히 몇 차례 실패를 경험했기 때문이 아니라 장기적으로 부정적 압력을 받는 환경에 처해 있었기 때문에 이러한 심리 상태를 갖게 된 것이다.

그들은 어려서부터 친구나 가족에게 비하와 비웃음을 당해왔을지도 모른다. 어린 시절 놀기 좋아한다고 "너 그렇게 놀다가는 커서 아무것도 하지 못해. 인생 망하는 거라고!"라는 소리를 들었거나, 시험 성적이 좋지 않아 "어쩜 그렇게 멍청하니?"라고 혼이 나며 자라왔을 것이라는 얘기다. 물론 부모님이나 선생님은 아이가 투지를 불태워 더 발전하길 바라는 마음에서 일종의 '자극 요법'으로 이런 말들을 했을 수도 있다. 하지만 대부분의 아이는 부모님이나 선생님의 이런 의도를 알 리가 없다. 그저 이를 진심으로 여기며 부모님과 선생님이 나를 좋아하지 않는다고 상처받을 뿐이다. 이러한 상황이 오래도록 반복되다 보면 아이는 자신이 멍청하고 바보 같아 사랑받을 자격이 없으며, 평생 학업 성취나 성공과는 무관한 운명이라고 생각하기 시작한다. 그러나 공부를 그리 잘하지 못해도 부모님이나 선생님에게 응원과 격려를 받으며 자란 아이는 여러 번의 시도 후, 좌절 속에서 배움을 얻어 진정으로 성취할 줄 아는 사람으로 성장한다.

당신은 살면서 '학습된 무력감'을 경험한 적이 있는가? '원래 그렇지, 뭐'라는 생각 때문에 삶의 '현실'을 무조건적으로 받아들이고, 참아내야 했던 적이 얼마나 되는가? 과거 당신을 깎아내리며 당신을 틀 안에 가둬두었던 사람은 이미 곁에 없는데, 아직도 그 틀에서 벗어나지 못하고 있지는 않은가?

학습된 무력감이라는 대마왕을 물리치려면 먼저 자신에게 이렇게 말해주어야 한다.

"나는 할 수 있어. 포기하지 않고 조금만 더 노력하면 돼."

그러고는 조금씩 자신의 능력을 키워 좌절감을 극복해나감으로써 대뇌가 우리의 행동을 성공의 결과로 전환해 받아들일 수 있도록 만들어야 한다. 이때 무엇보다 중요한 점은 행동심리학의 관점에서 명확하고 단계적인 목표를 세우되, 적절한 자기보상이 이루어져야 한다는 사실이다.

예컨대 수영을 배우고 싶지만 자신이 맥주병이라고 생각하고 있다면, 먼저 한 번에 5미터, 아니 3미터만이라도 전진하자는 목표를 세우는 것이다. 그렇게 단계별로 조금씩 앞으로 나아가 25미터 앞까지 수영할 수 있게 되면, 자신에게 "아주 잘했어. 전보다 발전했네!"라고 말해주고, 약간의 보상을 주어야 한다. 다른 사람이 별것 아니라 생각할지라도 말이다. 이렇게 하다 보면 대뇌가 '노력과 보상'을 한데 묶어 생각하기 시작하고, 스스로도 동기부여를 할 수 있다.

발전에는 난관이 있다는 사실도 알아야 한다. 신기하게도 우리가 무언가를 학습하거나 자신을 바꾸는 과정 중에는 항상 정체기가 존재하며, 심지어 일시적 퇴보를 겪기도 한다. 이럴 때 학습된 무력감을 가진 사람이라면 "이것 봐. 난 안 된다니까!"라고 말하고 싶겠지만 자신에게 해줘야 할 말은 따로 있다.

"받아들여. 이건 과정의 일부일 뿐이잖아. 방법을 바꾸면 난관을 돌파할 수 있을지도 몰라."

그러니 마음의 준비를 단단히 하고 단계적인 목표를 세우되, 너무 원대한 목표를 세우지도, 한 번에 너무 많은 욕심을 내지도 말고 꾸준하게 끝까지 목표를 완수하자. 물론 자신의 진도를 파악하는 것도 매우 중요하다. 하지만 관건은 노력엔 반드시 결과가 따르며, 아무리 작은 결과라 할지라도 자신을 다독이기에 충분하다는 사실을 잊지 말고, "나는 할 수 있어. 조금 더 노력하면 점점 더 나아질 거야"라고 말해주는 것이다.

어려서부터 학습된 무력감을 극복하려면 오랜 시간이 필요하다. 그러니 자신 또는 주변의 친구가 학습된 무력감에 사로잡혀 있다면, 먼저 '작은 것'에서부터 시작해 단계적 목표를 달성해 나아가자. 부정하는 말 대신 격려의 말을 건네며 한 단계 한 단계 앞으로 나아가다 보면 결국 능력과 자신감 모두 높아진 자신을 볼 수 있을 것이다.

샤오위에처럼 말이다. 그녀에겐 정말 운동신경이 없었을까? 실은 그렇지 않았다. 그저 시간이 필요했을 뿐이다. 하루는 그녀의 친구가 선물을 들고 샤오위에의 집에 찾아왔다. 그 선물은 바로 인터넷에서 구매한 '스트리트 댄스 추는 법'이라는 동영상 강의였다. 그녀는 샤오위에와 함께 거실을 청소해 활동 공간을 만든 다음, 영상을 틀어놓고 첫 번째 동작부터 각 동작을 스무 번씩 연습하기 시작했다. 친구는 샤오위에에게 말했다.

"봐, 손발을 그렇게 잘 움직이는데, 운동신경이 없기는!"

스트리트 댄스를 추든, 농구를 하든, 일을 하든, 인간관계를 맺든, 인생에는 어려워 보이는 문제가 많이 있다. 하지만 이렇게 느껴지는 것은 우리가 꼭 무능해서가 아니라 너무 일찍 무력감을 학습했기 때문이다. 그러니 서두르지도, 화내지도 말자. 걸음을 늦추고 심호흡을 하자. 그리고 좋은 친구를 찾아 서로 격려하자. 그러면 더 나은 내가 된 자신을 보게 될 것이다!

'학습된 무력감'이라는
대마왕을 물리치는 방법

STEP 1 명확하고 단계적인 목표를 세운다.

STEP 2 너무 원대한 목표를 세우지도, 한 번에 너무 많은 욕심을 내
지도 말고 꾸준하게 끝까지 목표를 완수한다.

STEP 3 자신의 진도를 파악해 그에 따른 적절한 보상을 한다.

STEP 4 "나는 할 수 있어. 조금 더 노력하면 점점 더 나아질 거야"
라고 자기 자신을 격려한다.

STEP 5 조금씩 자신의 능력을 키워 좌절감을 극복해 나아간다.

14 인터넷상의 교류는 '설탕 대용품'과 같을 뿐이다

친구와 함께한 경험은 따뜻한 추억이 되어 오래도록 기억에 남는다.

    인터넷의 발달로 1인 미디어 시대가 열린 요즘은 거의 모든 사람이 SNS 계정을 활용해 친구들과 교류를 하고, 새로운 정보와 관심사를 나누며 업무를 수행한다고 해도 과언이 아니다.

    어느덧 SNS는 공기와 같이 우리 삶에 없어서는 안 될 일부가 된 셈이다. 그런데 최근 〈하버드 비즈니스 리뷰〉에 5,000여 명의 페이스북 사용자를 관찰한 결과 페이스북 사용 시간이 길수록 삶의 만족도가 낮다는 연구 결과가 발표되었다. 물론 이는 페이스북 사용자만을 대상으로 한 연구 결과지만 다른 플랫폼 사용자의 상황 역시 크게 다르지는 않다. 계속 피드가 업데이트되며 가족, 친구, 동료는 물론이고 만나면 인사 정도 하는 사이의 사람에 심지어 일면식도 없는 스타의 삶까지 공유되는 것이 SNS이기 때문이다.

    내 친구 샤오원도 개인 SNS를 운영하고 있다. 그녀는 틈만 나면 스마트폰으로 셀피를 찍고, 사진을 편집하고, 글을 써서, 게시물을 올린다. 그러고는 자신이 올린 게시물에 '좋아요'가 얼마나 달렸는지를 확인하고, 다른 친구들의 게시물을 살펴본다.

그런데 얼마 전 샤오원이 대뜸 이렇게 물었다.

"다른 사람들은 다들 그렇게 다채로운 삶을 사는데, 왜 내 삶은 이렇게 단조롭고 재미가 없을까?"

나는 말했다.

"그렇지 않던데! 네 SNS를 볼 때마다 하루하루를 참 알차게 보내고 있구나 생각했거든!"

이 말에 그녀는 잠시 기분이 풀린 듯하더니 이내 다시 미간을 찌푸리며 말했다.

"다들 어쩜 그렇게 예쁜 사진을 올리는지! 사진을 보정하는 데 시간을 얼마나 쓰는 걸까? 난 사진 한 장 보정하는 것도 귀찮아 죽겠던데!"

그리고 보면 참 이상하지 않은가? 그렇게 귀찮아하면서도 그 일을 계속하고 있다니, 그건 대체 무슨 심리란 말인가? 다른 사람들이 잘 사는 모습을 보면 왠지 모르게 기분이 가라앉는다면서 왜 계속 남의 SNS를 구경하고 있느냐 말이다.

그 이유는 바로 인간이 사회적 동물이기 때문이다. 다시 말하면 다른 사람, 특히 아는 사람에게 주의를 기울일 수밖에 없는 뇌 구조를 가졌다는 소리다. 자기 자신을 지키기 위해서는 친구와 적을 구분할 필요가 있는데, 그러다 보니 동족에 대해 호기심을 갖고, 동료의 인정에 기쁨을 느끼는 것이 어느새 본능으로 자리 잡은 것이다. 심리학자 매슬로의 욕구 이론*을 봐도 자존감과 소속감은 인간의 기본적 욕구에 속한다.

한 과학자가 연구실로 실험 대상자를 불러 SNS를 할 때 뇌의 움직임을 촬영한 적이 있다. 그 결과 '좋아요'의 수가 하나씩 늘어날 때마다 흡사 다른 사람과 포옹을 했을 때와 같은 반응이 관찰되었다. 이뿐만 아니라 개에게 먹이를 주기 전에 항상 종을 흔들었더니, 나중에는 종소리만 들어도 개가 침을 흘리게 되었다는 그 유명한 '파블로프의 개' 실험과도 유사한 점이 발견되었다. 개가 이러한 반응을 보이게 된 데에는 종소리와 먹이를 연결 짓는 조건화 과정이 일어났기 때문인데, 스마트폰의 알림음이 울릴 때 우리에게도 비슷한 현상이 관찰된 것이다.

스마트폰 알림음이 울리는 순간 우리는 '새로운 메시지다! 누굴까? 누가 내게 좋아요를 눌렀나? 새로운 피드가 올라왔구나!'라는 생각을 하게 되고, 스마트폰을 확인하면서 일종의 정신적 보상을 획득한다. 그리고 바로 이 과정에서 도파민이 분비되어 쾌감을 느끼는데, 이런 상황이 반복되자 SNS를 사용하는 행동 자체가 도파민을 분비시키는 하나의 명령어처럼 작용하기 시작했다. 즉, SNS 앱을 열고, 알림음을 듣는 순간 우리의 대뇌는 정신적 보상을 획득할 기대에 부풀어 도파민을 분비했다는 뜻이다. 종소리를 듣고 먹이 먹을 기대에 부풀어 침 흘리던 개처럼 말이다.

그러나 문제는 SNS를 통해 반복적으로 기쁨을 얻고 나면, 같은 일에 대해 더 이상 같은 감정을 느끼기가 어려워진다는 데 있다. 물론 자신의 일상을 공유하고, '좋아요' 세례를 받는 것은 무척이나 기분 좋은 일이지만 그렇다고 친구가 자신의 곁에 있는 것은 아니기 때문이다. '좋아요'를 받을 때마다 다른 사람과 포옹할 때와 같은 대뇌반응이 일어난다고 해도 현실은 여전히 '나 홀로 집에'일 뿐이다.

한참 동안 SNS를 하고 난 후, 밑도 끝도 없이 '공허감'이 몰려오는 이유는 바로 이 때문이다. '곤약'을 잔뜩 먹어 포만감이 들기는 하지만 실제 섭취한 칼로리는 0인 상황과 유사하다고나 할까? 직접적인 교류나 접촉 없이 SNS상에서 느끼는 달콤함은 그저 '설탕 대용품'의 달콤함 그 이상도 그 이하도 아니다.

다이어트를 하려면 곤약을 먹는 것이 도움 될지도 모른다. 어떻게든 자신의 위를 속여 섭취하는 에너지를 소모하는 에너지보다 적게 만들어야 하기 때문이다. 그러나 더 행복해지고 싶은 상황에 '설탕 대용품'을 사용한다면 어떨까? 물론 보기엔 흔히 말하는 인사이더 같을지도 모른다. 하지만 과연 정신적으로도 진정한 행복을 얻을 수 있을까?

미국의 영화배우 겸 가수 셀레나 고메즈는 인스타그램이라는 소셜 네트워크 플랫폼에서 가장 많은 팔로워를 거느린 스타다. 그런데 그런 그녀가 1억 명이 넘는 팔로워를 뒤로하고 돌연 인스타그램 계정을 삭제한 적이 있다. 한때 그녀는 매일 사진을 찍고, 보정을 하고, 게시물을 업데이트하는 데 많은 시간을 보냈다. 오죽하면 인스타그램에 달린 '좋아요' 수와 댓글을 확인하는 일로 하루의 시작과 끝을 보낸다고 말할 정도였다. 그러나 그녀는 의사에게 SNS 중독이라는 진단을 받고, 과감하게 계정을 삭제한 뒤 심리 치료를 받았다. 지금도 소속사에서 관리하는 계정이 있을 뿐, 그녀의 스마트폰에는 SNS 앱이 없다.

다음은 미국 피츠버그대학교의 킴벌리 영 박사가 고안한 인터넷 중독 자가진단법인데, 8개 질문 중 '예'가 5개 이상이면 인터넷 중독이 아닌지 의심해봐야 한다.

① 머릿속에 온통 인터넷 생각뿐인가?(예컨대 인터넷으로 했던 일이나 다음에 인터넷으로 뭘 할지를 계속 생각하는 경우)
② 인터넷을 하는 데 더 많은 시간을 할애해야 만족감을 느끼는가?
③ 인터넷 사용 시간을 줄이려고 수차례 노력했지만 번번이 실패했는가?
④ 인터넷 사용 시간을 줄이거나 사용을 중단하면 불안하고 가슴이 답답하며, 쉽게 화가 나는가?
⑤ 인터넷 사용 시간이 애초에 계획한 시간을 항상 초과하는가?
⑥ 인터넷을 하느라 중요한 인간관계를 망치거나 배움 또는 일할 기회를 놓친 적이 있는가?
⑦ 인터넷에 빠진 정도를 숨기기 위해 가족이나 친구 또는 다른 사람에게 거짓말을 한 적이 있는가?
⑧ 인터넷을 문제 도피나 부정적 감정의 해소 도구로 여기는가?

만약 SNS를 그만두려 해도 그럴 수 없는 상태라면 과감하게 스마트폰을 들어 친구에게 전화를 걸어라. 그리고 친구와 만날 약속을 잡아라. 친구에게는 스마트폰을 가지고 나가지 않을 예정이니 절대 바람 맞히면 안 된다고 말해라. 그럼 친구는 당신을 이상하게 생각할지도 모른다. 그러나 이는 일종의 도전이다. 그러니 스마트폰은 집에 두고 용감하게 외출하라! 물론 잠깐은 꽤 초조할 것이다. 하지만 생각해보라. 불과 10년 전, 아직 스마트폰이 없을 때도 우리는 잘만 살지 않았던가? 아! 단, 외출할 때 지갑은 꼭 챙겨야 한다.

친구와 얼굴을 마주 보며 이야기를 나누고, 함께 윈도쇼핑을 하고, 운동하는 기쁨은 SNS를 통해 얻는 기쁨과는 또 다른 형태일 것이다. 단언컨대 친구와 함께한 경험은 따뜻한 추억이 되어 오래도록 기억에 남는다. 인터넷을 벗어난 진짜 만남의 시간을 자주 가지다 보면 알게 될 것이다. 실생활에서 갖는 친구와의 만남이 스마트폰 화면을 넘기는 것보다 느릴지는 몰라도 더 큰 행복의 자양분이 된다는 사실을 말이다.

인터넷 중독에서 벗어나는 법

STEP 1 🎏 스마트폰으로 친구에게 전화를 걸어 만날 약속을 잡는다. 친구에게는 스마트폰을 가지고 나가지 않을 예정이니 절대 바람 맞히면 안 된다고 말한다.

STEP 2 🎏 스마트폰을 집에 두고 용감하게 친구를 만나러 나간다. 단, 지갑은 잊지 말고 챙기자.

STEP 3 🎏 친구와 얼굴을 마주 보며 이야기를 나누고, 함께 윈도쇼핑이나 운동을 한다.

STEP 4 🎏 친구와 함께하는 기쁨을 만끽해본다(SNS를 통해 얻는 기쁨과는 분명 다를 것이다).

STEP 5 🎏 인터넷을 벗어난 만남의 시간을 자주 가져 현실적인 행복감을 자양분 삼아 초조함을 극복한다.

15 도전을 두려워하지 않으려면
먼저 저주를 풀어야 한다

도전을 마치고 나면 물론 남들도 나를 대단하게 여기겠지만, 무엇보다도 나의 능력이 향상될 거라고 자신에게 말해보자.

아마 살면서 다들 한 번쯤 이런 사람을 만나봤을 것이다. 시험 전엔 매번 "망했다. 공부 하나도 못 했는데"라든지 "어제 완전 놀았는데"라고 걱정을 늘어지게 해놓고 막상 시험을 보면 성적만 잘 나오는 그런 사람 말이다. 물론 내 주변에도 그런 사람이 있었고, 당시엔 나도 그에게 묘한 배신감을 느끼며 '의뭉스러운 녀석, 시험 전날 밤 분명 밤새 공부했겠지'라고 생각했었다.

그러나 지금 돌이켜 생각해보면 그가 정말 제대로 시험 준비를 하지 못했을 수도 있겠다는 생각이 든다. 그럼 그가 천재인 것 아니냐고? 그럴 수도 있다. 하지만 내가 하고자 하는 이야기는 그가 천재일 가능성도, 어떻게 하면 시험 준비를 하지 않고도 고득점을 받을 수 있는지도 아니다. 요컨대 인간은 왜 노력하지 않은 척을 하냐는 것이다.

개중에는 중요한 시험을 앞두고 열심히 준비를 잘해오다 꼭 시험 전날만 되면 갑자기 딴짓하는 사람이 있다. 방 안 공기가 나쁘다는 생각에 갑자기 공기청정기를 구매하는가 하면, 새 가전제품을 놓을 자리를 마련하겠다고 방 청소를 시작하기도 한다. 저녁에 소고기 국수를 끓일 거라는 엄마의 말에 선뜻 동네 시장으로 심부름을 나섰는데, 하필이면 좋은 사태가 방금 다 팔렸다고 해서 차를 타고 십여 킬로미터 떨어진 다른 시장까지 진출하기도 한다. 실연을 당했다는 친구를 만나 밤새 이야기를 나누기도 한다.

시험 당일 수면 부족으로 정신은 몽롱하고 어제 먹은 사태가 탈이 났는지 배앓이를 하다 결국 시험 시간에도 지각하고 만다.

당신은 당연히 해야 할 일들을 했을 뿐이라고 말할지도 모르지만, 이 모든 일이 마지막 시험 준비에 영향을 주었음은 분명하다. 이는 일반적인 미루기 환자와는 또 다른 유형이다. 미루기 환자는 일을 미루고 미뤄 마지막이 되어서야 비로소 시작하지만 일단 시작을 하면 원동력을 얻는다. 그러나 이런 유형의 사람들은 일을 미루지 않고 줄곧 잘해오다 꼭 마지막 순간에 다른 일을 벌인다.

물론 이때 좋지 않은 결과지를 받아들면 할 말은 많다. 방을 정리하지 않으면 물건을 놓을 자리가 없으니 반드시 정리해야만 했고, 엄마의 심부름을 하는 것은 자식으로서 당연한 일이며, 진정한 친구라면 친구가 힘들 때 응당 함께해줘야 하고, 배탈이 난 건 어쩔 수 없는 우연일 뿐이라는 이유를 댄다.

그래서 그들은 "시험을 못 본 건 내 '능력'이 부족해서가 아니라 어쩔 수 없는 일들이 많았기 때문이야"라며 자신을 다독인다. 그러나 가슴에 손을 얹고 자문해보면 알게 될 것이다. 어쩌면 우리가 해야 할 일을 하지 못하도록 막는 배후의 요소들은 우리의 잠재의식이 계획적으로 만든 걸림돌일지도 모른다는 사실을 말이다.

이는 일상생활에서 매우 보편적으로 흔히 일어나는 현상으로 심리학에서는 이를 자기불구화(Self-Handicapping)라고 말한다. 핸디캐핑(Handicapping)은 본래 운동경기에서 사용되는 용어로, 수준이 다른 두 선수가 공정하게 경기하기 위해 규칙이나 점수 부여방식을 변경하는 일을 뜻한다. 한편 셀프 핸디캐핑, 즉 자기불구화란 스스로 장애물을 설치해 시작부터 불리한 조건을 자처함을 말한다. 자기불구화 현상이 나타나는 이유 중 하나는 '실패가 두려워서'다.

내 친구 마이클은 실력이 출중한 영어 선생님이다. 학교에서 아이들을 가르치는 직업을 가진 만큼 수입이 안정적이기는 하지만 가계지출을 고려하면 조금은 빠듯하게 살림을 꾸리고 있다. 그런데 어느 날, 한 신생 기업에서 마이클에게 연락을 해왔다. 그의 실력을 높이 산 창립자가 함께 영어 교재를 개발하고 싶다며 협력을 제안해온 것이다. 물론 마이클에게는 매우 좋은 기회가 아닐 수 없었다. 그런데 한참을 고민하던 마이클은 자신의 학력이 그리 높지 않다는 둥, 신생 기업문화에 어울리지 못할 거라는 둥, 자기 같은 선생님은 널리고 널렸을 거라는 둥 이유를 들어 결국 그 좋은 기회를 다른 사람에게 넘겨주었다.

사실 기회가 좋을수록 생각이 많아지는 건 비단 마이클만의 문제는 아니다. 아마도 마이클은 누구보다 그 기회를 원했을 것이다. 다만 기회를 원하는 만큼 '내가 그 일을 제대로 해내지 못하면 어떡하나, 나 자신에게 실망하긴 싫은데'라는 두려움이 엄습했을 테고, 그러다 보니 실망할 바에는 아예 시작도 하지 말자는 결론에 도달했을 것이다.

자기불구화란 바로 이런 것이다.

자기불구화 현상이 나타나는 또 다른 이유는 인생 자체가 '현실'과 '이상'의 줄다리기이기 때문이다. 이상하게 들리겠지만 이는 심리학적으로 꽤 합리적인 이유다. 왜냐? 현실은 불공평하니, 이상이 현실 앞에 무릎 꿇을 수밖에 없는 이유를 잔뜩 생각해 '이상적 자아'를 보호하고자 하는 것이다.

인간의 마음속에는 저마다의 '이상적 자아', 즉 자신이 되길 바라는 최고의 자아가 자리하고 있다. 이 이상적 자아가 미래의 목표에 포함되면, 더 나은 미래로 나아갈 원동력이 되기도 한다. 그러나 어떤 사람들의 이상적 자아는 과거에 머물러 있다. 어린 시절 온갖 상장과 트로피를 휩쓸며 "넌 최고야. 넌 누구보다 똑똑하고 대단해. 정말 재능이 넘쳐"라는 소리를 들었던 자신에게 말이다. 이런 사람들은 과거 대단했던 자신을 굳게 믿으며 세월을 따라 변화하지 못한 나약한 이상적 자아를 어떻게든 보호하려 한다.

그런 까닭에 그들은 거스를 수 없을 것처럼 보이는 외부요인을 끌어들인다. 실패하더라도 실패의 원인을 자신이 아닌 외부요인으로 돌리면 '잔인한 현실의 승리로 돌아가더라도 이상적 자아는 진 것이 아니기 때문'이다. 한마디로 자기불구화는 자신의 자존심을 지키기 위한 전략인 셈이다.

심리학자들은 '자기불구화'의 행위를 두 가지 유형으로 나누는데, 그 첫 번째 유형은 '행동적 자기불구화'다. 앞서 들었던 예처럼 방을 청소하고 심부름을 자처하고 친구의 고충을 들어주는 등 다른 일을 하면서 공부를 하지 않거나, 중요한 회의를 앞둔 전날 밤에 술을 마시는 행동이 여기에 속한다. 요컨대 주동적으로 자신에게 불리한 상황을 만들거나 일부러 도달할 수 없는 목표를 선택하는 행동 모두가 '행동적 자기불구화'다.

두 번째 유형은 '언어적 자기불구화'다. 언어적 자기불구화와 행동적 자기불구화의 차이점은 실질적인 행동을 취해 자신에게 걸림돌이 될 환경을 만들지 않는다는 데 있다. 그러나 주변 사람들에게 자신이 초조한 상태라거나, 우울하다거나, 몸이 좋지 않다거나, 어젯밤 잠을 제대로 자지 못했다는 등의 말로 자신의 미흡함에 대한 예방주사를 놓는다.

예컨대 우리가 한 번쯤 만나보았을 '의뭉스러운' 친구처럼 말이다. 물론 그는 정말로 공부를 하지 않았을 수도 있다. 하지만 공부를 하고도 습관적으로 공부를 하지 않았다고 이야기했을 가능성도 없지 않다. 미리 방화벽을 설치해두었으니 시험을 잘 보든 망치든, 자존심이 상할 일은 없기 때문이다.

문제는 동료나 가족이라면 자기불구화의 행위를 알아차릴 수도 있지만 정작 당사자는 이를 알아차리기가 어렵다는 것이다. 그렇다면 자신이 무심코 스스로 온갖 걸림돌을 만들고 있을지도 모른다는 사실을 알아차렸을 때, 우리는 과연 어떻게 이런 비이성적인 상태에서 벗어날 수 있을까? 〈하버드 비즈니스 리뷰〉가 제안하는 방법은 이렇다.

먼저 '자각'이 필요하다. 자신이 언제 스트레스를 받는 편인지, 어떤 상황에 구실을 찾고, 시간을 끌고, 산만해지는지를 알아야 한다. 그러면 믿을 만한 친구를 찾아 자신을 독촉해달라고 미리 부탁할 수도 있다.

또한 자신의 스트레스를 관리할 줄도 알아야 한다. 도전과 고난은 발전을 위한 과정이며, 가끔 실패를 맛보는 것도 필요하다는 사실을 인지해야 한다. 그러니 <u>스트레스를 받을 때는 습관적으로 피하려고만 하지 말고 잠시 멈춰 그 감정과 마주하자.</u> 자기불구화 현상은 주로 '체면'과 연관된 문제에서 나타나니, 도전을 마치고 나면 물론 남들도 나를 대단하게 여기겠지만, 무엇보다도 나의 능력이 향상될 거라고 자기 자신에게 말해보자. 시각을 바꾸어 생각해보면 동력의 원천이 바뀌는 것, 자기불구화를 위한 수많은 핑계도 줄어드는 것을 발견할 수 있다.

마지막으로 자기불구화는 훌륭한 깨우침이 되기도 한다는 사실을 기억하자. 시작부터 걱정스러운 마음에 온갖 핑곗거리를 찾고 있는 자신을 발견했다면 이를 모두 글로 적어보자. 이를 행동하지 말아야 할 핑곗거리가 아닌, 하나하나 해결해야 할 문제로 삼아도 좋다. 예컨대 마이클처럼 자신에게 특별함이 부족하다고 생각한다면 "그럼 어떻게 해야 나만의 개성을 가질 수 있을까?"라고 자문해보는 것이다.

자신의 우려를 해결 가능한 문제로 삼으면, 반사적으로 튀어나온 핑계가 꽤 훌륭한 깨우침을 주기도 한다.

《당신의 가장 큰 적》이라는 책에 이런 대목이 나온다.

'<u>한 사람의 비극은 그가 실패했다는 사실이 아니라 성공할 뻔했는 데 있다.</u>'

그런데 자기불구화에 빠진 사람에게는 이러한 비극이 되풀이될지도 모른다. 그러니 과거 자신이 자기불구화로 다 된 밥에 코 빠뜨리기 일쑤였다면, 이러한 조언들이 변화의 계기가 되길 바란다. 자각을 높이고, 자신의 감정과 마주하며, 극복 방법을 찾아라. 그리고 생각을 전환하라. 그러면 길 위에 놓인 수많은 걸림돌이 위로 올라가는 계단이 될 수 있음을 발견할 것이다.

자기불구화의 늪에 빠지지 않는 방법

STEP 1 ✦ 먼저 '자각'이 필요하다. 자신이 언제 스트레스를 받는 편인지, 어떤 상황에 구실을 찾고, 시간을 끌고, 산만해지는지를 파악했다면 믿을 만한 친구에게 자신을 독촉해달라고 미리 부탁해두자.

STEP 2 ✦ 자신의 스트레스와 친해져야 한다. 그러니 스트레스를 받을 때는 습관적으로 피하려고만 하지 말고 잠시 멈춰 그 감정과 마주하자.

STEP 3 ✦ 자기불구화는 훌륭한 깨우침이 되기도 한다. 시작부터 걱정스러운 마음에 온갖 핑곗거리를 찾고 있는 자신을 발견했다면 이를 모두 글로 적어보자. 이를 행동하지 말아야 할 핑곗거리가 아닌, 하나하나 해결해야 할 문제로 삼아보자.

16 완벽함보다 실행이 낫다

완벽해야 한다는 부담감에서 벗어나 의견과 협조를 구하고, 업무를 분담해 단계적으로 임무를 완수해나갈 때 비로소 조금씩 발전해나갈 수 있다.

    심리학과 자기계발 교육에 관한 일을 하고 있어서인지 친구들은 종종 내게 자신이 꿈꾸는 미래를 이야기하곤 한다. 개중에는 완벽한 짝을 만나고 싶다는 친구도, 완벽한 주거환경과 업무환경에서 완벽한 삶을 살고 싶다는 친구도 적지 않다. 그런데 이처럼 '완벽'한 미래를 꿈꾸는 친구들에게는 한 가지 공통점이 있다. 바로 친구들 중 몇 남지 않은 미혼자이거나, 이직이 잦거나, 교제 상대가 자주 바뀌는 편으로, 멋진 계획을 가지고 있지만 실질적 진전을 이루지는 못했다는 점이다.

    물론 이 친구들에겐 꿈이 없지도, 방향성이 부족하지도 않다. 오히려 계획을 잘 세울 줄 알고, 에너지 또한 넘친다. 어떻게 보면 그 누구보다도 강한 '의지력'과 '인내력'을 가지고 있기도 하다. 그러나 이러한 그들이 공통으로 가진 치명적인 문제점이 있다. 바로 '완벽주의*'다.

심리학에서는 완벽주의를 병 그 자체가 아닌, 쉽게 마음의 병을 일으킬 성격적 특징의 하나로 본다. 완벽을 추구하는 사람은 자신은 물론 주변 사람에게까지 부담감을 안겨 부정적인 감정에 휩싸이기 십상이고, 그만큼 우울·초조·강박 등에 사로잡힐 위험이 크기 때문이다.

심리학에서는 완벽주의를 '다차원적 특징'으로 본다. 완벽주의라는 것 자체가 자신에 대한 완벽주의를 포함해 타인에 대한 완벽주의, 부모로부터 또는 사회로부터 생겨난 완벽주의 등 다양한 모습으로 나타나는 데다가 경우에 따라서는 지극히 주관적이기 때문이다. 완벽주의의 기준이 무엇인지, 어떻게 하면 그 기준에 도달할 수 있는지 그 개념이 모호하다 보니 결국 자신을 들볶거나 남들을 피곤하게 만드는 셈이다.

이론상으로는 완벽주의에도 긍정적인 측면이 있다. 완벽주의가 기능적으로 작용할 경우에는 무슨 일이든 자신의 한계를 뛰어넘어 최상의 결과를 도모함으로써 자존감과 자기효능감, 성취감을 높일 수 있다. 하지만 항상 수면 부족에 시달리고, 다크서클이 턱 밑까지 내려오고, 매사 불만족스러움에 자꾸만 짜증이 밀려오는 것은 완벽주의의 부정적인 측면이다. 문제는 완벽주의자들 모두 자신의 완벽주의가 약이 되길 바라지만, 바로 그러한 마음 때문에 오히려 독이 된다는 데 있다! 그들은 말한다.

"나도 그렇게 마음 졸이고 싶지는 않아. 하지만 일을 제대로 하지 못하면 어떡해?"

당신은 당신이 완벽주의자일 가능성이 크다고 생각하는가? 아니면 일은 많은데, 주변엔 도움 되는 사람들이 하나 없다고 생각하는가? 그렇다면 다음 질문에 답해 자신을 점검해보자.

① 다른 사람은 제대로 해내지 못할 거라는 생각에 항상 일을 자처하는가?
② 자신에게 높은 기준을 설정해놓고 목표를 달성하지 못하면 크게 실망하는 편인가?
③ '일이 이렇게, 저렇게 되어야 하는데 이렇게, 저렇게 안되네'처럼 이상과 현실의 괴리가 크다는 생각이 머릿속을 맴돌아 자신을 괴롭게 만드는가?
④ 어떤 일을 하는 과정에서 불만족스러운 부분이 생기면 일을 뒤엎어 처음부터 다시 시작하고 싶은가?
⑤ 다른 사람의 평가, 특히 자신의 능력에 대한 남들의 평가가 많이 신경 쓰이는가?
⑥ 과거에 저질렀던 실수나 허물을 평소에도 자주 떠올리는가?
⑦ 뭔가 부족한 것 같다는 생각 때문에 일을 제때 완수하지 못한다거나 아예 시작을 미루는 일이 잦은가?

위 일곱 개 질문 중 절반 이상의 답이 '그렇다'일 경우, 당신은 완벽주의자 성향을 지녔거나 일상생활 중에 이미 완벽주의의 부정적 영향을 느끼고 있을 가능성이 크다.

그렇다. 사실 완벽주의는 황금 수갑과 다름이 없다. 물론 성취욕이 있다는 건 매우 좋은 장점이고, 특히 사장님들이 좋아할 만한 직원의 조건이기도 하다. 그러나 문제는 이런 성취욕 때문에 사소한 부분까지 완벽을 지나치게 추구하다가 결국 큰 그림을 포기하거나, 자신 또는 다른 사람을 몰아붙여 일을 더 어렵게 만들고, 무슨 일이든 자신이 처리하려 들거나 일을 미루고 미뤄 시작조차 하지 못한다는 데 있다.

솔직히 말하면 대학 시절의 나에게도 이런 성향이 있었다. 리포트 과제가 주어지면 곧바로 어떤 식으로 써야겠다는 생각이 들었지만, 너무 잘하려는 욕심에 거창하게 구상을 한 나머지 주야장천 준비만 하고 이를 행동으로 옮기지 못했다. 결국 그렇게 마지막까지 미루다 어쩔 수 없는 순간이 되어서야 리포트를 쓰기 시작했고 결과는 항상 용두사미였다.

정말 안타깝지 않은가? 그런데 무엇보다도 안타까운 사실은 업무상의 완벽주의자는 가장 뛰어난 능력과 자질을 가지고도 심각한 미루기 병으로 업무효율이 가장 낮은 그룹에 속한다는 점이다.

그렇다면 어떻게 해야 완벽주의에서 벗어날 수 있을까? 사실 완벽주의의 성향을 바꾼다는 것은 매우 어려운 일이다. 선천적으로 타고났든, 어린 시절부터 학습되었든 완벽주의의 성향은 이미 우리의 가치관 속 깊이 뿌리를 내려 '완벽하지 않음'을 추구하고 '빈틈을 허용하는 일'을 불편하게 느끼기 때문이다.

따라서 완벽주의에서 벗어나려면 가장 먼저 자신에게 완벽주의의 성향이 있음을 인정하고, '완벽주의가 나의 삶에 문제를 일으키고 있다'는 사실을 객관적으로 겸허하게 받아들이는 것부터 시작해야 한다. 그런 다음에는 완벽주의의 장점을 살리고 단점을 없애는 노력이 필요한데 그 방법은 다음과 같다.

첫째, '80/20 법칙'이 나의 구세주가 되어줄 것임을 믿는다. '80/20 법칙'이란 80%의 효과가 20%의 노력으로 얻어진다는 법칙이다. 반대로 말하면 나머지 20%의 효과를 채우기 위해 80%의 힘을 쏟아야 한다는 의미이기도 하다. 생각해보라. 현재 자신이 처리해야 할 프로젝트가 5개가 있다면 당신은 100%의 힘을 들여 하나의 프로젝트를 100%로 해내겠는가, 아니면 5개의 프로젝트에 고루 힘을 분산해 모든 프로젝트를 70%~80% 정도로 마무리하겠는가? 전체를 고려한다면 어느 쪽의 효과가 더 좋겠는가? 그러니 다음부터는 이미 어떤 일을 '합격'선으로 진행해놓고 다시 '완벽'을 기하려는 자신을 발견하거든, 이 법칙을 떠올려라. 그러면 이 정도로도 충분하다는 생각을 훨씬 수월하게 받아들일 수 있을 것이다.

둘째, 일을 시작하기 전에 '반드시 달성'해야 하는 목표는 무엇이며, '보너스 문제' 같은 일은 무엇인지를 분명하게 구분한다. 완벽주의자들은 눈에 보이는 일을 먼저 처리해야 직성이 풀리는 편이다. 그러나 80/20 법칙의 효과를 내려면 일을 시작하기 전, 반드시 '핵심 목표'를 파악해 '꼭 해야 할 일'들을 리스트로 작성할 필요가 있다. 리스트에 작성된 조건들을 먼저 충족시킨 후, 여력이 남으면 그때 나머지 세부 사항들을 조정하는 것이다. 그렇지 않으면 어떤 부분은 훌륭하지만 또 어떤 부분은 기본적인 작업조차 하지 못해 결과적으로 '불합격'을 받게 될 수 있다. 그러므로 기본적인 일이 무엇인지 파악해 이를 먼저 처리한 후, 다음 작업을 진행해야 한다.

셋째, 주동적으로 다른 사람의 의견과 피드백을 구한다. 이는 콘텐츠 크리에이터에게 가장 어려운 부분이기도 하다. 완벽주의자는 항상 자신의 작품에 만족하지 못하기 때문에 다른 사람의 의견을 듣는 일 자체가 두렵기 때문이다. 그러나 다른 사람의 피드백은 우리에게 꼭 필요하다. 피드백이 존재해야 좀 더 빠르게 다른 관점을 알아볼 수 있고, 자신의 맹점을 찾아 더 빠른 발전이 가능해지기 때문이다. 항상 예의 바르게 "많은 지도 부탁드립니다!"라고 말하지만, 좀처럼 다른 사람의 가르침을 받아들이지 못하겠다면 "어느 부분이 가장 잘됐다고 생각하시나요?"처럼 '좋은 말'을 들을 수 있는 질문부터 던져보자. 칭찬을 싫어하는 사람은 없는 법이니, 긍정적인 피드백을 강심제로 삼는 것이다. 그런 다음 다시 "더 나아질 수 있는 부분은 어디일까요?"라고 묻는 것이다. 이때는 섣불리 자신을 변호하지도, 부연 설명을 덧붙이지도 말고, 일단 듣고, 기록하기만 하자. 피드백에 대한 반응은 상대에게 고마움을 전하고, 스스로 피드백을 소화한 다음에 보여도 늦지 않다. 이렇게 하면 아마 다른 사람들의 말에 일리가 있음을 깨달을 것이다. 물론 이때 냉정함은 필수다. 그래야 다른 사람들의 말에 담긴 이치가 좀 더 명확하게 보일 테니까 말이다. 늘 이런 식으로 행동하다 보면 남들의 지적에 대한 두려움도 조금씩 사라질 것이다.

　페이스북 본사에 가면 벽에 이런 슬로건이 붙어 있다고 한다.

　'완벽보다 실행이 낫다(Done is better than perfect).'

　자신에게 심각한 완벽주의의 성향이 있음을 인정한 여성 기업가, 페이스북 최고운영 책임자인 셰릴 샌드버그가 한 말이라고 전해진다. 그녀는 자신의 저서에서도 "완벽이 곧 적이다!"라고 말했다. 그렇다. 우리의 적은 우리 자신도, 상사도, 동료도 아니다. 지나치게 추상적이지만 시시때때로 우리의 발목을 붙잡는 '완벽주의'야말로 우리의 진정한 적이다!

이제 우리에겐 선택이 남았다. 전처럼 완벽하지만 현실엔 존재하지 않는 이상 속에서 살거나, 몸을 움직여 핵심 목표를 찾은 다음 자신의 시간과 에너지를 분배해 일을 시작하거나! 때로는 기분이 가라앉기도 하고, 때로는 괴로움에 몸부림치기도 하고, 또 때로는 아무리 해도 못할 것 같은 느낌이 들 때도 있음을 받아들이되 한 가지 사실만은 잊지 말자. 완벽해야 한다는 부담감에서 벗어나 의견과 협조를 구하고, 업무를 분담해 단계적으로 임무를 완수해나갈 때 비로소 조금씩 발전할 수 있다는 사실을 말이다.

자신의 기준에 완벽히 들어맞지 않아도 타인이 보기에는 충분히 훌륭한 수준의 성과를 거두었다면, 또는 자신의 기대를 뛰어넘는 결과를 낳았다면, 그래서 다들 당신을 칭찬한다면, 이를 어색해할 마음속 완벽한 자신에게 잊지 말고 말해보자.

"이 정도도 훌륭하잖아. 안 그래? 마음 편히 가져! 아직 발전의 여지가 있으니 다음번엔 더 잘할 수 있을 거야!"

부디 자신의 완벽주의와 평화롭게 공존하며 '윈윈'할 수 있기를 바란다.

완벽주의에서 벗어나는 법

STEP 1 〰️◁ 자신에게 완벽주의의 성향이 있음을 인정하고, '80/20 법칙'이 구세주가 되어줄 것임을 믿는다.

STEP 2 〰️◁ 일을 시작하기 전에 '반드시 달성'해야 하는 목표는 무엇이며, '보너스 문제' 같은 일은 무엇인지를 명확히 구분한다.

STEP 3 〰️◁ 주동적으로 다른 사람의 의견과 피드백을 구한다. '좋았던 점'을 먼저 물은 다음 다시 '보완이 필요한 점'에 관해 물어보는 것도 좋은 방법이다.

17 '대충대충' 살수록
'염세주의'에 빠지기 쉽다

우리는 아직 마음속 깊이 성장을 갈망하고, 자립을 추구하며, 자아실현을 원한다.
이러한 욕구들이 충족되었을 때 우리는 비로소 진정한 행복을 느낀다.

오프라인 매장에서 수십만 원에 판매하는 옷을 인터넷에서 단돈
몇만 원에 판매하고 있을 때, 사람들은 혹하는 마음에 그 옷을 구매한
다. 어쩌면 정품이 아닐 수도 있다는 사실을 잘 알면서도 말이다. 물
론 판매자도 소비자의 이러한 심리를 잘 파악하고 있다. 엄밀히 따지
고 보면 이런 거래에는 판매자와 소비자의 암묵적 합의가 바탕이 되
는 셈이다.

평소 친구와의 약속에서도 마찬가지다. 원래 약속 시간은 오후 두
시지만 친구가 제시간에 나타날 리 없음을 알면 느긋하게 시간을 끌
게 된다. 스마트폰으로 인터넷쇼핑을 하다 느긋하게 화장을 하고, 다
시 머리를 손질하고……. 이렇게 시간을 끌다 집을 나서 약속 장소에
도착한 시간은 세 시! 하지만 친구도 어김없이 지각하고, 두 사람은 미
소를 지으며 서로를 이해하는 식이다.

대학 시절 강의가 없던 날은 또 어땠는가? 집 혹은 기숙사에서 게임을 하거나, 전화로 친구와 수다를 떨거나, 아니면 아예 침대와 한 몸이 되어 종일 뒹굴지 않았던가?

생각해보면 우리는 꽤 자주 이렇게 '될 대로 돼라'는 생각으로 '대충대충' 순간을 살아간다. 그러나 문제는 이러한 '대충대충'이 악순환을 불러온다는 점이다. 내가 인간관계나 일을 미온적으로 대했으니 남들이 나를 미온적으로 대하는 게 당연하다고 생각하며 '좋은' 보답에 대한 기대조차 저버리기 때문이다.

'어떤 이들은 평범하게 태어나고, 어떤 이들은 살다 보니 평범해지며, 또 어떤 이들은 남들 때문에 하는 수 없이 평범해진다'라는 미국의 소설가 조지프 헬러의 문장처럼 말이다. 물론 시도 때도 없이 탁월함과 발전만을 추구하는 사람은 없다. 그러나 우리가 여기서 주목해야 할 점은 발전과 극복의 가능성을 마주하고도 왜 그저 적당히, 평범하기만 하면 됐다는 생각을 하게 되느냐*는 것이다.

이에 대해 이탈리아의 철학자 글로리아 오리기 교수는 사람과 사람이 교류하는 과정에서 일종의 경제학적 현상이 나타나기 때문이라고 말한다. 서로 자원을 교환하는 과정에서 질 낮은 콘텐츠를 교환하는 분위기가 형성되기 시작하는데, 이렇게 되면 나 역시 질 낮은 물건을 교환 물품으로 내놓게 되어 있다는 것이다. 다시 말해서 '내가 너에게 형편없는 태도와 형편없는 행동을 보일 테니, 너도 기꺼이 형편없는 태도와 형편없는 행동으로 응대하라' 혹은 '나는 그저 내 인생이 평범하길 바랄 뿐이니 너도 내게 평범한 요구를 하든지, 아니면 그에 상응하는 대우를 하라'라는 식이 된다는 뜻이다.

이러한 현상이 나타나는 이유는 매우 간단하다. 처음에는 그저 자신의 부담을 덜고자 '이번엔 물타기를 해볼까'라고 생각했을지도 모른다. 그러나 상대가 이를 발견하기는커녕 격려까지 해주는 것을 보고 이를 계속하다 보니 어느새 악순환이 되어버리는 것이다. 스스로 기준을 낮추기 시작했지만 상대 또한 이에 신경을 쓰지 않으면서 서로 '대충대충'을 반복하게 되는 것이다. 물론 200%의 노력을 기울이고도 50%의 노력을 기울인 사람과 똑같은 취급을 받은 경험도 이에 한몫한다. '50퍼센트만 해도 충분하구나!'라는 생각에 '그럼 괜히 고생할 필요가 뭐 있어? 기준을 낮추면 되지! 그럼 속 편한 것을'이라고 결론을 내리는 것이다.

물론 이런 관계가 좋은 관계라고는 할 수 없지만 상호 신뢰를 기반으로 한 인간관계를 만들 수도, 처세의 윤활유가 되기도 한다. 약속을 깨는 것이 당연한 상태가 되면 내가 약속을 어겨도, 상대가 약속을 어겨도 누구 하나 손해 보는 일이 없기 때문이다. 옛 친구와 지금까지 관계를 유지해올 수 있었던 것도, 사업 파트너와 술김에 호형호제할 수 있었던 것도, 당신은 월급이 적은 일을 기꺼이 해내고, 보스 역시 실적이 좋지 않은 당신을 해고하지 않는 것도 '대충대충 적당히'의 공이 크다. 이 '대충대충 적당히'가 양측의 심리적 수용력을 모종의 균형 상태로 만들어 모두가 하하 호호 웃으며 좋은 게 좋은 거라고 이해하게 만들기 때문이다.

그러나 안락지대에 안주하면 결국 진정으로 나를 즐겁게 만들어주는 사람도, 일도, 물건도 찾을 수 없게 되고, 이로써 세상을 비관하게 된다. 우정, 사랑, 혈육의 정, 이익 등에 상관없이 모두가 '이미테이션'

애호가가 되어 이류(二流) 교환에 열을 올리고, 기꺼이 이등의 성과를 받아들이며 전 국민 공범 시스템을 형성하는 것이다.

후스 선생의 《차부뚜어 선생전(차부뚜어差不多는 대충대충, 거기서 거기라는 뜻으로 디테일에 약하고 대충대충 일을 처리하는 중국인을 풍자한 작품)》 중 한 대목처럼 말이다.

'사람들은 모두 차부뚜어 선생이 매사에 융통성이 있고, 뒤끝이 없었다고 칭찬하는가 하면, 평생 따지거나 계산하는 법이 없었다며 정말 덕 있는 사람이라고 입을 모았다. 그리하여 사람들은 세상을 떠난 그에게 융통성의 대가라는 뜻의 원통대사라는 법호를 지어주었다. 그의 명성은 전국 방방곡곡으로 퍼져나갔고, 많은 사람이 그를 본보기 삼아 하나둘 차부뚜어 선생이 되어갔다.'

우리 주변에는 필사적인 사람보다 나태한 사람이 많고, 공공의 이익을 위하는 사람보다 이기적인 사람이 더 많다. 그리고 이렇게 부정적인 사회의 일면은 우리에게 열심히 하지 않아도 될 좋은 구실이 되어주고 있다. '남들도 다 그러는데, 나만 될 필요 없잖아?'라는 생각에 아무 죄책감 없이 그저 적당히, 대충대충 사는 삶을 추구하며 오히려 이것이 자연스럽게 인생을 살아가는 방법이라 여기는 것이다. '나도 살자고 이러는 건데, 될 대로 되라지!'라면서 말이다.

그러나 다른 사람이 게으름을 부리든, 이기적이든, 신용이 없든 상관없이 이는 우리의 삶의 품격과 연관된 문제다. 물론 사회에 만연한 풍조를 따라가면 잠깐은 부담감 없이 편안함을 느낄 수 있을지도 모른다. 하지만 삶의 품격을 따져보면 이 모든 걸 마주하기 어려울 것이다. 모두가 평범함을 좇고, 적당히, 대충대충 살아가는 삶은 결코 우리가 원하는 삶이 아니기 때문이다.

어느 한쪽이 악순환의 고리를 끊어내야 전체 시스템의 균형에 균열이 생기고, 이 균열에서 우리가 문제를 직시할 기회가 만들어진다. 예컨대 기회라는 계단 하나가 생기면, 이것이 곧 시스템 안에 존재하는 '대충대충'을 바로잡아 모두 변화할 계기가 된다.

절대 한 사람의 힘을 얕잡아 보지 말라! 훌륭한 책임자 한 명이면 악습을 바로잡아 팀 전체의 효율을 높일 환경을 만들 수 있고, 책임감이 투철하고 부지런한 직원 몇 명이면 전체 팀의 효율을 끌어올릴 수 있다.

자신의 인생이 꽉 막혔다고 생각하는가? 그리고 그 이유가 다들 꽉 막힌 인생을 살기 때문이라고 생각하는가? 그렇다면 부정적인 생각들을 끄집어내 한쪽으로 밀어놓고, 오늘은 스스로 자랑스러움을 느낄 일부터 시작해보자! 남들과 똑같이 무너지지 말고 약간의 변화를 시도해보는 것이다. 다들 건성으로 살아간다면 당신만큼은 열성을 다해보라. 그렇다고 거창한 무언가를 해야 하는 것은 아니다. 그저 자기 자신에게 당당한 내가 되는 것, 그러면 충분하다.

지각을 밥 먹듯이 하는 친구와의 약속이라도 제시간에 약속 장소에 나가고, 지각한 친구를 나무라지 말자. 그렇게 몇 번을 반복하다 보면 매번 약속 시간을 잘 지키는 당신을 보고 당신의 친구 역시 시간에 조금 더 신경을 써야겠다고 생각할 것이다. 어제보다 조금 더 나은 내가 되겠다는 마음가짐을 다져나가면 금세 '대충대충'의 악순환에서 벗어날 수 있음은 물론 다른 사람들에게까지 좋은 영향을 미칠 수 있다.

그러니 비이성적 사고를 이성적 사고로 둔갑시키고, 자신을 파괴하는 행동을 당연시하는 철모르는 행동은 접어두자. 뭐니 뭐니 해도 우리는 아직 마음속 깊이 성장을 갈망하고, 자립을 추구하며, 자아실현을 원한다. 그리고 이러한 욕구들이 충족되었을 때 우리는 비로소 진정한 행복을 느낄 수 있다.

'대충대충 하려 하지 말자, 안락지대를 벗어나자'를 늘 상기하며, 이는 비단 우리 자신뿐만이 아니라 우리의 팀, 그리고 더 나아가 우리의 사회와도 관련된 일임을 잊지 말자. 자신에게 어떤 요구를 하느냐에 따라 삶의 품격이 달라진다. 그러니 지금부터 그 변화를 시작해보자.

'대충대충'의 악순환을 끊어내는 법

STEP 1 🎣 다른 사람이 어떻게 하든 상관 말고 자신이 원하는 삶을 생각해보자.

STEP 2 🎣 한 사람의 힘을 얕보지 말고, 나부터 변하자. 남들과 똑같이 무너지지 말고 약간의 변화를 시도해보자.

STEP 3 🎣 부정적인 생각들을 끄집어내 한쪽으로 밀어놓고, 오늘은 스스로 자랑스러움을 느낄 수 있는 일부터 시작해보자.

STEP 4 🎣 '대충대충 하려 하지 말자, 안락지대를 벗어나자'를 늘 상기하자.

18 우리가
나쁜 습관을 고치지 못하는 이유

올바른 질문을 해야 올바른 답을 찾을 수 있듯, 올바른 방법을 찾아야 고질적인
습관을 바꿀 수 있다.

사람들은 흔히 "실패에서 교훈을 얻어야 한다"라며, 진짜 부끄러운
일은 실수를 저지르는 것이 아니라 똑같은 실수를 반복하는 것이라고
말한다. 누구나 실수를 할 수 있다는 사실도, 실수했을 때 더 이상 같
은 실수를 저지르지 않는 법을 배우는 것이 무엇보다 중요하다는 사
실도 다들 너무나 잘 알고 있다는 뜻이다.

하지만 그럼에도 우리는 우리가 아는 만큼 행동하지 못한다. 이는
당장 우리 주변만 둘러봐도 알 수 있다. 아무리 심한 욕을 들어도 똑
같은 실수를 반복하는 사람들이 넘쳐나니까 말이다. 내 친구 중 하나
는 최근 새로운 직장으로 이직을 했건만, 그곳의 새 보스에게 잔소리
를 듣고 있다고 한다. 다름 아닌 '지각' 때문이다. 시간 준수를 강조하
는 보스의 눈에 지각을 밥 먹듯이 하는 친구가 곱게 보일 리 없었고,
그렇게 친구 녀석은 속된 말로 찍혔다. 그런데 그의 '지각병'은 어제

오늘 일이 아니었다. 실은 이전 직장에서도 팀장의 암묵적인 지시에 이직하게 된 것인데, 여러 이유 중에도 지각 문제가 절대적이었다. 오죽하면 팀장이 이직하는 그에게 그 나쁜 버릇은 꼭 고치라는 충고까지 했겠는가. 이후 친구는 한동안 자신의 잘못을 뉘우치며 나아진 모습을 보였다. 하지만 고질병은 역시나 고질병인 건지 그는 여전히 지각한다.

그래서 '강산은 변해도 본성은 바뀌지 않는다'는 말이 나온 모양이다. 하지만 이것이 과연 한 사람의 성격적 결함 때문일까?

우리는 어려서부터 많은 습관을 들인다. 이 중에는 좋은 습관도, 나쁜 습관도 있고, 심지어 인이 배어 '개성'의 일부가 되는 습관도 있다. 그러나 아무리 습관을 고치기 어렵다 하더라도 '난 원래 이래', '난 평생 이 버릇 못 고칠 거야'라는 말은 핑계가 될 수도 없고, 또 핑계로 삼아서도 안 된다. 우리에겐 우리만의 독특한 개성을 유지하면서도 바람직하지 못한 행동들을 고쳐나갈 여지가 아직 남아 있기 때문이다.

이를 위해 내가 제안하는 방법은 실수 또는 실패를 통해 배우되, 과거의 잘못을 돌이켜보는 방법을 달리해보는 것이다.

2016년 〈소비자심리학 저널〉에 '왜 우리는 항상 똑같은 실수를 저지르는가?[*]'에 대한 연구논문이 발표된 적이 있다. 당시 학자들은 여러 실험을 통해 과거에 저지른 잘못을 돌이켜보는 것은 오히려 당시의 이미지를 강화해 똑같은 실수를 저지르는 결과를 낳을 뿐, 진정한 반성이 되지 않는다는 사실을 발견했다.

우리는 보통 '반성'을 할 때, '아이쿠! 난 어쩜 이렇게 멍청하담. 이번 일을 교훈 삼아 잊지 말아야지!'라고 생각하며 다음에는 절대 이러지 않겠노라 스스로 경각심을 높인다. 하지만 생각을 확장해 '다음에 이런 상황이 발생하면 어떻게 해야지'라는 예행연습이 이뤄지지 않으면, 우리에게 익숙한 시나리오는 변하지 않는다. 그리고 우리의 자제력이 떨어졌을 때, 우리는 어김없이 그 익숙한 시나리오대로 행동하고 만다.

머릿속에 실수한 경험을 떠올리는 것만으로는 조심성을 기를 수 없다. 오히려 기분을 상하게 해 자제력을 떨어뜨리고, 제멋대로 굴고 싶은 마음을 키울 뿐이다. 담배에 중독된 사람이라면 잘 알 것이다. 담배를 떠올리는 것만으로 담배를 피우고 싶다는 생각이 든다는 사실을 말이다. 물론 담배를 끊을 때도 마찬가지다. 담배 없이 지낼 고통을 생각하면, 당장이라도 담배 한 개비를 입에 물어야 직성이 풀린다.

이는 많은 사람이 충동구매 후 집에 돌아와 자신이 구매한 물건을 보며 후회하는 이유이기도 하다. 그리고 다음번 외출 때, 사람들은 생각한다.

'이번엔 꼭 절제해야지. 또 쇼핑하면 손에 장을 지진다.'

하지만 이렇게 저조한 기분으로 일정을 시작해 하루를 꼬박 참다가 결국은 커다랗게 내걸린 '세일'이라는 현수막에 무너져 내리고 만다. '오늘은 내게 제대로 된 상을 주는 거야!'라고 자기합리화를 하면서 말이다.

생각해보라. 마음이 급할수록 지각하게 되고, 기분이 안 좋을 때일수록 충동구매, 폭음, 폭식을 하게 되는 것처럼 항상 어떤 충동에 휩싸였을 때 실수나 잘못을 저지르지 않던가? 사실 초조하고 피곤할 때는 이런 근시안적인 행동이 미래의 목표에 어떤 영향을 미칠지 제대로 생각하기가 어렵다. 안 좋은 행동임을 알면서도 물불 가리지 않는 이유는 그 행동을 하는 당장은 불편한 감정에서 벗어날 수 있기 때문이다.

그렇다면 실패에서 진짜 교훈을 얻으려면 어떻게 생각을 확장해야 할까?

심리학자들은 같은 실수를 되풀이하지 않으려면 실수를 저지른 과정을 되짚을 것이 아니라 앞으로 이 실수를 어떻게 바로잡을 것인지를 생각해야 한다고 말한다. 지각을 예로 들면 승진과 같이 자신이 업무적으로 기대하는 바를 생각해 시간을 준수하는 습관을 들이는 것이다. 또한 지각의 원인을 찾을 필요가 있다. 출근길이 너무 멀어서라면 시간을 단축할 방법을 생각해보고, 밤에 잠을 제대로 자지 못해서라면 숙면을 위한 방법을 고민해봐야 한다. 무슨 옷을 입을까 고민을 하다 항상 지각하는 것이라면 전날 밤 미리 옷을 골라두는 것도 한 방법이다. 그리고 이런 과정들이 습관이 될 때까지 계속 연습하는 것이다.

항상 충동구매를 하는 문제도 마찬가지다. '나는 왜 항상 충동구매를 하는 걸까? 어쩜 이렇게 계획성이 없을 수 있지?'라는 생각 대신 내 돈을 어떻게 규모 있게 쓸 것인가를 생각해야 한다. 예컨대 집을 리모델링한다든지, 해외여행을 떠난다든지, 그동안 배우고 싶었던 수업을 등록한다든지, 다음 달이나 내년에 계획했던 일이 없는지 생각해보는 것이다.

하고 싶었던 일들이 있다면 앞으로 그 일에 얼마큼의 자금이 필요한지, 어떻게 준비할지를 생각할 차례다. 수중의 현금과 신용카드를 되도록 집에 두고 다니거나 아예 믿을 만한 사람에게 맡기는 것도 한 방법이다. 그리고 물건을 사기 전에는 앞으로의 계획을 생각하며 자신을 격려해보자. 이렇게 하면 건설적으로 자신에게 경종을 울릴 수 있다.

이런 영어 속담이 있다.

'같은 행동을 반복하면서 다른 결과를 기대하는 것은 미친 짓이다 (Insanity is doing the same thing over and over again and expecting different results).'

아인슈타인의 말이라고 알려진 이 속담은 사실 출처 미상으로 밝혀졌는데, 누가 말했느냐보다 중요한 것은 이 말에 담긴 뜻이다.

줄곧 똑같은 생각으로 자신을 다그쳐도 나쁜 습관을 고칠 수 없다면 생각을 바꿔야 한다.

올바른 질문을 해야 올바른 답을 찾을 수 있듯, 올바른 방법을 찾아야 고질적인 습관을 바꿀 수 있는 법이다.

실수는 멈추고 미래를 계획하는 일부터 시작해보자!

**매일
3분
습관**

같은 실수를 반복하지 않는 방법

STEP 1 ·✢· 자신의 미래에 대한 바람이나 계획을 생각해본다.

STEP 2 ·✢· 원인과 해결 방법을 찾아본다(예컨대 지각 원인과 그 해결 방법).

STEP 3 ·✢· 습관이 될 때까지 일련의 과정을 연습한다.

과도한 가치폄하(Hyperbolic Discounting)

'쌍곡형 할인'이라고도 하며, 현재의 즐거움에 집중해 미래에 발생할 수도 있는 이익을 과도하게 평가절하하는 심리를 말한다. '과도한 가치폄하' 현상이 나타나는 이유는 꽤 명확하다. 우리는 우리 자신에게 가장 이익이 되는 일을 추구하는데, 여기에는 자기 자신에 대한 높은 통제력이 필요하며, '자기통제(Self-Control)'에는 체력과 정신력이 수반되어야 한다. 그러나 이미 고단한 하루를 보냈다거나 누군가에 의해 많은 에너지를 소비한 상황에 '장시간을 투자해야비로소 이익을 얻을 수 있는 일'에 시간을 할애할 것인지의 결정에서는, 당장 자신에게 가장 수월한 일을 선택하게 되어 있다. 왜냐? 사람의 체력이나 정신력에는 한계가 있기 때문이다.

소거 격발(Extinction Burst)

문제행동이 사라지기 전에 갑자기 그 문제행동이 폭발적으로 더 심해지는 현상으로 우리의 일상생활에서 흔히 나타나는 현상 중 하나다. 다이어트나 금연을 할 때뿐만 아니라 우리가 어떤 나쁜 습관을 고치려 할 때, 성공을 앞두고 공든 탑이 무너지는 경우가 종종 발생하는데, 이는 우리가 노력을 하지 않거나 혹은 노력이 부족해서가 아니라 우리의 대뇌가 온 힘을 다해 우리 자신과 맞서 싸우는 중이기 때문이다.

소유 효과(Endowment Effect)

자신이 갖게 된 대상의 가치를 갖기 전보다 높게 인식하는 것을 말한다. 소유 효과가 희한한 점은 다른 사람에게 받은 물건에 대해서도 똑같이 과대평가가 이뤄진다는 사실이다. 즉, 아무 대가를 지불하지 않았어도 자신의 것이 되면 우리는 그 대상의 가치를 높게 평가하기 시작한다.

손실회피성(Loss Aversion)

이익과 손실의 규모가 같을 때, 이익보다 손실을 더 크게 느끼는 현상을 가리킨다. 무언가를 얻었을 때의 기쁨은 무언가를 잃은 아픔을 영원히 이길 수 없다는 뜻인데, 통계에 따르면 이 효과가 이익과 손실의 체감 차이를 2배에서 2.5배까지 벌린다고 한다.

집중력

집중력은 대뇌의 서로 다른 두 가지 기능으로 구성된다고 한다. 그중 하나는 중요한 신호를 확대하는 증강(Enhancement)기능이며, 다른 하나는 불필요한 정보를 걸러주는 억제(Suppression)기능이다. 우리가 흔히 정신을 집중하려면 한눈을 팔지 말아야 한다고 말하는데, 이는 온갖 잡다한 정보를 억제하는 동시에 집중해야 할 정보를 확대해야 하기 때문이다. 최근 연구 결과에 따르면 이는 각각 독립적으로 작용하는 완전히 다른 시스템으로, 심지어 대뇌에서 이를 주관하는 부위 또한 달라 어느 한 시스템에 문제가 발생하면 집중력이 저하되는 것으로 밝혀졌다.

학습된 무력감(Learned Helplessness, 또는 학습된 무기력)

경험으로 학습한 무력감으로 저도 모르게 소극적이고 부정적인 상태가 되는 것을 말한다. 자신이 어떠한 행동을 했을 때 원하는 결과를 얻지 못하거나 극복할 수 없는 힘든 상황을 반복적으로 겪게 되면 조금씩 무력감을 받아들여 자신감을 잃게 되고, 심지어 상황을 바꿀 기회가 와도 "난 못해"라며 포기하게 된다.

매슬로의 욕구 이론(Maslow's Hierarchy of Needs)

1943년, 미국의 심리학자 매슬로가 〈인간의 동기 이론〉이라는 논문에서 주장한 인간의 욕구 단계설이다. 매슬로는 인간의 욕구를 5단계, 즉 생리적 욕구, 안전 욕구, 애정과 소속의 욕구, 존경의 욕구, 자아실현의 욕구로 나누었는데, 이 중에서 각 개인의 타고난 능력이나 잠재력을 최대로 발휘하고 싶어 하는 자아실현의 욕구를 성장을 향한 최고의 동기로 보았다.

자기불구화(Self-Handicapping)

핸디캐핑(Handicapping)은 본래 운동경기에서 사용되는 용어로, 수준이 다른 두 선수가 공정하게 경기하기 위해 규칙이나 점수 부여 방식을 변경하는 일을 뜻한다. 한편 셀프 핸디캐핑, 즉 자기불구화란 스스로 장애물을 설치해 시작부터 불리한 조건을 자처함을 말한다. 그 이유 중 하나는 '실패가 두려워서'이고, 다른 하나는 그렇게 함으로써 '이상적 자아'를 보호하기 위해서다.

완벽주의

심리학에서는 완벽주의를 병 그 자체가 아닌, 쉽게 마음의 병을 일으킬 성격적 특징의 하나로 본다. 완벽을 추구하는 사람은 자신은 물론 주변 사람에게까지 부담감을 안겨 부정적인 감정에 휩싸이기 십상이고, 그만큼 우울·초조·강박 등에 사로잡힐 위험이 크기 때문이다.

우리가 그저 적당히, 평범하기만 하면 된다는 생각을 갖는 이유

사람과 사람이 교류하는 과정에서 일종의 경제학적 현상이 나타나기 때문이다. 서로 자원을 교환하는 과정에서 질 낮은 콘텐츠를 교환하는 분위기가 형성되기 시작하면 나 역시 질 낮은 물건을 교환 물품으로 내놓게 되어 있다.

똑같은 실수를 저지르는 이유

과거에 저지른 잘못을 돌이켜보는 것은 오히려 당시의 이미지를 강화해 똑같은 실수를 저지르는 결과를 낳을 뿐, 진정한 반성이 되지 않는다. 생각을 확장해 '다음에 이런 상황이 발생하면 어떻게 해야지'라는 예행연습이 이뤄지지 않으면, 우리에게 익숙한 시나리오는 변하지 않는다. 그리고 우리의 자제력이 떨어졌을 때, 우리는 어김없이 이 시나리오대로 행동하게 된다.

편견에

휘둘리지 않는

연습

19 수많은 상식과 직감이
오판을 낳는 편견이었을지도 모른다

나와 다른 배경을 가진 친구들을 두루 사귀고, 사람과 사건과 사물에 대한 호기심을 잃지 않으며, 자주 여행을 떠난다면 선입견과 고정관념에서 벗어날 기회를 만들 수 있다.

A씨는 오늘 아침 차를 몰고 출근하는 길에 '오늘은 대표님이 오시니 다들 출근 시간을 엄수하라'는 연락을 받았다. 그런데 문제는 여차하면 지각인 상황! 마음이 급해진 A씨는 이리저리 차선을 변경해가며 앞차를 추월했다. 어떻게든 8시 59분 59초 전에 회사에 도착하기 위해 과속 감시카메라도 가볍게 무시해주었다. 그렇게 달려 이제 길 하나만 건너면 세이프인데 하필이면 이럴 때 거북이 차량이 말썽이다. 미친 듯이 클랙슨을 울려봐도 앞차는 꿈쩍하지 않고, 결국 신호는 빨간불로 바뀌었다. 다시 신호가 바뀌기까지 족히 99초를 기다려야 한다는 사실을 감안하면 오늘 A씨는 영락없이 지각이다. 지각을 면하고자 그렇게 내달렸건만, 똑딱똑딱 흘러가는 시간을 속절없이 바라보며 A씨는 생각했다.

'앞차 때문에 재수 옴 붙었네. 아니 무슨 차를 그렇게 천천히 몰아.

분명 여성 운전자겠지!'

사람들은 보통 서행하는 차량을 보면 그 운전자가 여성일 거라고 생각하는데, 그 이유는 무엇일까? 심리학에서는 이를 '대표성 추론*' 때문이라고 말한다. 대표성 추론이란 불확실한 상황이 발생했을 때, 이성과 합리성으로 결과를 추정하기보다는 자신이 기존에 알고 있던 상식이나 직감이 전체를 대표한다고 보고 이를 통해 결과를 추정하는 것을 의미한다. 대표성 추론은 반드시 악의에서 비롯된다거나 100% 감정적으로 이뤄진다고 할 수 없다. 그저 빠른 판단을 위해 가설을 세워두고, 실은 자신의 인식이 그저 가설에 지나지 않음을 자기 자신조차도 알아차리지 못할 뿐이다.

세상은 너무나 복잡하고, 우리는 모든 일을 제 손바닥 들여다보듯 훤히 알 수 없기 때문이다. 우리가 좀 더 편안한 삶을 살기 위해서는 대표성 추론을 사용하는 것이 불가피한 셈이다. 실제로 대표성 추론은 다양한 상황에서 우리가 빠른 판단을 내릴 수 있게 도와준다. 그러나 빠른 만큼 심각한 오류를 낳기도 하는데, 그중에서도 특히 사건의 기본요소를 무시하기 십상이다.

예를 들어보자. 올해 45세인 존은 기혼자로 슬하에 아들과 딸을 두었다. 그는 보수적이고 신중하지만 진취적인 성격이다. 사회나 정치 이슈엔 크게 관심이 없고, 휴일엔 직접 가구를 만들거나 퍼즐 게임을 즐긴다. 존이 30명의 엔지니어와 70명의 변호사로 이뤄진 표본 그룹의 한 명이라면 존은 엔지니어일까, 변호사일까?

선택을 마쳤는가? 대부분의 사람이 그렇듯 존이 엔지니어일 거라고 생각했다면 당신은 대표성 추론에 의해 오도된 것이다. 확실히 앞서 말한 존에 대한 소개 중에는 사람들이 엔지니어라고 생각할 만한 고정관념들이 포함되어 있다. 하지만 이는 말 그대로 고정관념일 뿐이다. 사실 표본 그룹에는 변호사가 70명이고, 엔지니어는 30명뿐이다. 다시 말하면 존이 변호사일 확률은 70%로, 엔지니어일 가능성보다 크다는 의미다.

통계학에 '큰 수의 법칙'이 존재함에도 사람들은 대표성 추론에 오도되어 '소수의 법칙'을 따른다. 표본의 수가 얼마든 그것이 전체를 대표한다고 여기는 것이다. 다른 예를 하나 더 들어보자. 내성적인 사람이 도서관 사서가 될 확률이 더 높을까, 아니면 마켓 점원이 될 확률이 더 높을까? 정답은 마켓 점원이다.

생각해보라. 우리 사회 전반에 마켓이 많겠는가, 아니면 도서관이 많겠는가? 그러니 마켓 점원이 많겠는가, 아니면 도서관 사서가 더 많겠는가? 자, 이제 알겠는가? 어떤 성격의 소유자든 상관없이 도서관 사서보다는 마켓 점원이 될 가능성이 더 크다. 단지 '내성적'이라는 글자에 도서관 사서가 될 가능성이 더 클 거라고 생각했다면, 이는 대표성 추론으로 잘못된 판단을 내린 것이다.

그럼 다시 처음 이야기로 돌아가서 아마 다들 한 번쯤 '도로상의 3대 운전 바보'는 여자, 노인, 나이든 여자라는 말을 들어봤을 것이다. 그래서 도로에서 이해할 수 없는 상황을 만나면 직감적으로 '운전자가 여자 아니면 노인이겠지!'라고 생각하게 되는 것이다. 하지만 남성이 자동차사고를 일으킬 가능성이 여성보다 훨씬 크다는 사실을 잊지 말아야 한다. 왜냐? 실제로 남성 운전자가 여성 운전자보다 훨씬 많기 때문이다.

솔직히 요즘처럼 자유롭고 개방적인 사회에도 여러 문화적 선입견의 영향으로 연령, 성별, 직업, 종족, 국적, 종교, 사회계층 등에 관한 문제들이 끊임없이 불거지고 있다. 그리고 이러한 선입견과 고정관념은 우리가 타인의 성격과 능력, 잠재력을 평가하는 데까지 영향을 미치고 있다.

예전에 테드 닷컴(TED.com, 미국의 비영리 재단에서 운영하는 강연회)에서 '직장에 감춰진 편견'에 관한 강연을 들은 적이 있다. 강연자인 야스민 압델 마지드는 어린 시절 호주로 이민 온 이슬람 여성이다. 히잡을 두른 그녀는 레이싱 엔지니어로서 자신의 레이싱 팀이 있을 뿐만 아니라 자질 있는 권투선수를 양성하기도 한다. 그녀는 많은 사람의 고정관념을 깼지만, 아직도 사람들의 잠재의식 속에 살아 숨 쉬는 수많은 편견이 사회노동력의 다원화에 걸림돌이 되고 있다며, 대중은 여전히 일부 직업을 특정 성별의 전유물로 생각한다고 말했다.

이 이야기처럼 말이다. 한 부자가 심한 교통사고를 당해 아버지는 현장에서 사망하고, 아들은 중상을 입고 병원으로 긴급 이송되었다. 병원에 도착한 후, 중상을 입은 남자아이를 본 외과 의사가 순간 멍하니 얼어붙은 채 말했다.

"나는 이 환자를 수술할 수 없어요. 내 아들이거든요……."

"어? 그럴 리가! 아이 아버지는 교통사고 현장에서 사망했다고 했는데?"

자, 이 이야기를 듣고 당신은 외과 의사가 실은 남자아이의 어머니일 거라는 생각이 바로 들던가?

성별에 대한 고정관념의 예는 충분히 들었으니 이번엔 직업을 예로 들어보자. 선생님이라고 하면 항상 점잖고, 사회 복지사는 애타심이 넘치며, 사업가는 말솜씨가 뛰어나고, 군인은 위풍당당한 이미지를 떠올리는가? 그렇다면 이것이 바로 직업에 대한 고정관념이다. 해당 직업을 가진 사람들이 모두 이런 특징을 가진 것은 아니기 때문이다.

고정관념은 집단의 주요 특징을 전형화하여 사회의 인식을 단순화하고 인간의 인지 과정을 간소화해, 우리가 생활환경에 적응하는 데 도움을 준다. 하지만 어느 한 무리의 사람에 대한 고정관념은 오류와 선입견을 낳기 십상이다. 이렇게 한 번 생긴 편견은 바꾸기도 어려울 뿐더러 새로운 사물이나 사람을 이해하고 정상적인 인간 교류를 하는 데 걸림돌이 된다.

부정적인 고정관념에서 벗어나기란 쉬운 일이 아니다. 하지만 나와 다른 배경을 가진 친구들을 두루 사귀고, 사람과 사건과 사물에 대한 호기심을 잃지 않을뿐더러 자주 여행을 떠나 세계의 다양한 문화를 알아간다면 좀 더 다원화된 인식으로 선입견과 고정관념에서 벗어날 기회를 만들 수 있다.

부정적인 고정관념에서 벗어나는 법

STEP 1 🖎 나와 다른 배경의 친구들을 두루 사귄다.

STEP 2 🖎 사람, 사건, 사물에 대한 호기심을 잃지 않는다.

STEP 3 🖎 자주 여행을 다니며 세계의 다양한 문화를 알아간다.

STEP 4 🖎 좀 더 다원화된 인식체계를 세운다.

20 용감하게 무지를 인정하는 것은 일종의 슬기다

자신의 모순과 부조화를 직시하고, 자신의 결정이 틀렸음을 인정하기만 하면 비이성적인 행동의 결과를 이성적으로 돌아볼 수 있다.

아주 먼 옛날 여우 한 마리가 산을 빠져나오는 길에 포도가 주렁주렁 열린 포도나무를 발견했다. 여우는 생각했다.

'와, 정말 맛있겠다!'

그러고는 포도를 따겠다는 일념으로 나무를 기어오르기 시작했다. 하지만 절반도 못 가 미끄러져 엉덩방아를 찧고 말았다. 그렇게 두 번, 세 번, 네 번을 시도했지만 결과는 모두 실패였다. 그 후에도 한참 포도를 올려다보던 여우는 씁쓸한 마음으로 돌아서며 이렇게 결론을 내렸다.

"저 포도는 분명 실 거야!"

《이솝 우화》에 나오는 신 포도와 여우 이야기다. 한 번쯤 들어봤을 친숙한 이야기지만 의외로 사람들이 잘 모르는 사실이 있다. 그것은 바로 이야기 속 상황이 현실에도 존재한다는 점이다. 이는 심리학의 주요 개념 중 하나인 '인지부조화*'와 연관이 있다.

'인지부조화'란 무엇인가? 이는 1957년에 심리학자 레온 페스팅거가 자신의 저서 《인지부조화 이론》에서 제시한 개념이다. 어떠한 일을 했을 때 그 결과가 예상한 바와 달라 두 가지 이상의 모순되는 믿음이나 생각, 가치를 동시에 갖게 되면서 겪는 정신적 불편함을 일컫는다. 인지부조화 이론에 따르면 이러한 불편함을 없애기 위해 사람들은 흔히 3단 반응을 보인다.

첫째, 자신의 행동에 대한 인식을 바꾼다. 여우 이야기를 예로 들자면, 여우는 그저 포도를 따려 시도를 해본 것일 뿐, 정말로 포도가 먹고 싶었던 것은 아니었다고 생각했을 것이라는 얘기다. 둘째, 자신의 행동을 바꾼다. 이야기 속 여우가 포도 먹기를 포기한 것처럼 말이다. 마지막으로 셋째, 결과에 관한 생각을 바꾼다. 결국 마지막에 포도는 실 거라는 결론을 내린 여우처럼 말이다!

인간은 항상 일련의 이야기를 만들어 자신의 행동을 합리화한다. 자신이 골초라고 가정해보자. 우리는 담뱃갑에 적힌 각종 경고문을 익히 봐왔고, 그래서 흡연이 건강에 해롭다는 사실도 잘 알고 있다. '내가 담배를 피운다'라는 사실과 '담배는 해롭다'라는 사실이 서로 상충할 때, 우리는 어떻게 할까? 자기 자신을 설득하는 것이 일반적이다. 예컨대 '내가 담배를 피우는 이유는 정신을 가다듬어 업무효율을 높이기 위해서야. 그래야 우리 가족이 좀 더 나은 삶을 살 수 있으니까. 그러니 내가 담배를 피우는 건 나 자신을 위해서가 아니라 업무와 가족을 위해서야'라는 식으로 말이다. 참으로 터무니없는 생각이 아닐 수 없다. 그렇지 않은가? 하지만 골초와 무슨 이치를 논하겠는가?

이치를 알았다면 진즉 담배를 끊었을 것이다!

페스팅거는 인지부조화로 인한 모순적인 심리를 증명하기 위한 실험을 진행하기도 했다. 실험 지원자를 모집해 그들에게 조립된 블록을 해체해 다시 조립하는 일처럼 단순하고 지루한 일을 한 시간 동안 반복하도록 한 것이다.

그리고 한 시간 후, 페스팅거는 이들을 두 그룹으로 나누어 한 그룹에는 20달러의 수고비를, 다른 한 그룹에는 1달러의 수고비를 지급하고, 마지막으로 그들에게 소감을 물었다. 그러자 20달러를 받은 사람들은 지루하기 짝이 없었다고 입을 모은 반면, 1달러를 받은 그룹 중 꽤 많은 사람이 매우 재미있고, 교육적 의미도 있는 실험이었다.

페스팅거는 이 결과를 이렇게 해석했다. 1달러를 받은 그룹은 자신이 쏟은 에너지에 비해 터무니없이 적은 수고비를 받자 심리적 인지부조화를 줄이기 위해 실험에 대한 자신의 태도를 바꾼 것이라고 말이다. 쉽게 말해 실험 대상자들은 '이렇게 지루하고 보수도 적은 실험이라면 분명 특별한 의미가 있을 것'이라고 결론 지은 것이다.

일부 조직에서는 이같이 모순적인 심리를 십분 활용하기도 하는데, 예를 들면 다단계 회사가 그렇다. 처음 회사에 가입할 때, 소위 윗선들은 성공한 선배들이 조기 은퇴를 하고 지금은 세계여행을 즐기고 있다며, 많은 친구가 회사에 들어와 달라진 인생을 살고 있다는 꿈같은 이야기를 늘어놓는다. 여기에 혹해 관심을 보이면 목표를 달성하기 위해서는 먼저 자신에게 투자해야 한다며, 지금 투자하는 자금이 나중에는 몇 배, 심지어 몇십 배가 되어 돌아올 거라고 덧붙인다. 그렇게 자금을 투자하고 나면 '내가 힘들게 번 돈을 투자한 것만으로도 특별한 가치가 있으니 좋은 물건인 게 분명해!'라는 생각이 싹튼다. 이 역시 인지부조화의 일종인데 사회학자들은 이를 '노력 정당화 효과(Effort Justification Effect)'라고 부른다.

인지부조화는 귀천에 상관없이 나타나는 현상으로 똑똑한 학자들도 꾐에 빠지곤 한다.

1954년 미국의 한 가정주부가 외계인이 인류에 전하는 예언을 받았다고 주장하는 일이 있었다. 그 예언은 그해 12월에 대서양 해역의 해수가 급상승해 전 세계가 물에 잠길 것이라는 내용이었다. 훗날, 이 가정주부는 전문적으로 외계인을 연구하는 박사를 찾아갔고, 두 사람은 신도들을 모으기 시작했다. 개중에는 최후의 날을 준비하기 위해 전 재산을 팔아넘긴 사람도 있었다. 이 무리의 움직임은 사회적인 관심을 받았고, 이를 흥미롭게 여긴 페스팅거와 그의 동료들은 무리에 섞여 들어가 그들을 관찰했다.

드디어 예언 속 최후의 날이 다가오고 신도들은 간절히 기도했다. 그러나 하루가 다 가도록 해수가 급상승하는 일은 일어나지 않았다. 물론 세상이 물에 잠기지도 않았다. 하지만 신도들은 예언이 거짓이라고 생각하기는커녕 자신들의 독실한 믿음에 하늘이 감동해 대홍수가 발생하지 않았다고 생각했다. 그 후 어떤 이가 그 박사를 찾아가 특별 인터뷰를 진행했는데 당시 그는 이렇게 말했다.

"너무 오랫동안 너무 많은 것을 내놓은 상태라 이를 믿는 것 외에는 선택의 여지가 없었습니다!"

이런 상황은 매일 뉴스에서 접할 만큼 우리의 실생활에서 흔히 벌어지고 있다. 게다가 개인에게뿐만 아니라 주식에 투자하고, 기업을 경영할 때도 이러한 경향이 나타난다. 예컨대 자신의 잘못된 판단에 발이 묶여도 자신의 결정이 옳지 않음을 인정하지 못하고 계속 오류를 범하는 일부 기업의 CEO처럼 말이다.

그렇다면 어떻게 해야 인지부조화를 피할 수 있을까? 개인적인 측면에서 보았을 때 가장 중요한 점은 바로 문제를 인정하고, 직시하며 마주 보는 것이다. 서양 명언 중에 이런 말이 있다.

'문제를 확실히 파악했다면 문제의 절반은 해결한 것이다.'

어디 이뿐인가? 공자는 '아는 것을 안다고 하고, 모르는 것을 모른다고 하는 것이 참으로 아는 것(知之爲知之, 不知爲不知, 是知也)'이라고 했고, 노자는 '남을 아는 사람은 슬기롭고, 자신을 아는 사람은 지혜롭다(知人者智, 自知者明)'라고 말했다. 어떤 문제든 그 문제를 해결하는 첫걸음은 어딘가에 문제가 있음을 인정하는 것에서부터 시작된다. 사실 자신의 모순과 부조화를 직시하고, 자신의 결정이 틀렸음을 인정하기만 하면 비이성적인 행동의 결과를 이성적으로 되돌아볼 수 있다. 그러니 다음에 실패를 겪거나 예상과 다른 결과가 나왔을 때는 성급히 결론을 내리지 말고 먼저 자기 자신에게 세 가지 질문을 던져보라.

첫째, 지금 내 기분이 어떤지를 물어라. 자신이 느끼는 감정은 가장 진실한 반응이자 가장 중요한 요소이기도 하기 때문이다. 자신의 감정을 속일 필요는 없다. 기쁘면 기쁜 대로, 괴로우면 괴로운 대로 파악하면 된다. 이때 중요한 점은 왜 이런 기분이 드는지 그 이유를 묻는 것이다.

둘째, 정말로 최선을 다했는지를 물어라. 자신이 할 수 있는 모든 일에 100%의 노력을 기울였다면 마음을 비우고 결과를 받아들여라! 만약 자신이 그다지 노력하지 않았다고 판단된다면 다음번에는 더 노력하면 된다.

셋째, 현재 자신에게 닥친 일이 내가 아닌 다른 사람에게 일어났다면, 나는 어떻게 생각하고, 또 어떻게 행동했을지 물어라. 그러면 사실 우리가 우리 자신에게 막대한 스트레스를 주고 있을 때가 많음을 깨닫게 될 것이다.

인지부조화를 피하려면 용감해야 한다. 그리고 솔직하게 자기 자신과 마주해야 한다. 실패는 결코 두려운 것이 아니며, 용감하게 무지를 인정하는 것은 일종의 슬기다. 문제를 직시하고 인정하는 것에는 용기와 기술이 필요한데, 부디 이 글이 복잡한 인생과 그에 따른 심리적 모순을 좀 더 솔직하게 마주하는 데 도움 되길 바란다.

인지부조화를 개선하는 방법

STEP 1 먼저 지금 내 기분이 어떤지, 왜 이런 기분이 드는지 자문한다.

STEP 2 정말로 최선을 다했는지를 묻는다. 자신이 할 수 있는 모든 일에 100%의 노력을 기울였다면 마음을 비워 결과를 받아들이고, 그다지 노력하지 않았다면 다음번에는 좀 더 노력해본다.

STEP 3 마지막으로 현재 자신에게 닥친 일이 내가 아닌 다른 사람에게 일어났다면, 나는 어떻게 생각하고, 또 어떻게 행동했을지 자문한다.

21 진실을 말한다고
아웃사이더가 되는 것은 아니다

집단의 압력에 의해 태어난 야수는 사납고 어리석다. 그러니 야수의 털을 쓰다듬되 털 속에 숨은 벼룩을 보고 놀라지 말라.

타이베이시는 전 세계에서 손꼽힐 만큼 질서정연한 지하철 시스템을 갖추었다. 어찌나 질서정연한지 지하철을 탈 때마다 나는 새삼 감탄을 한다. 지상이 자동차며, 오토바이며, 행인들로 홍수를 이룬다면 지하는 혼잡함 속에서도 질서가 있다. 이렇게 된 데에는 특수한 지하철 문화가 한몫했는데, 그것은 바로 에스컬레이터 옆에 붙어 있던 '우측에 한 줄 서기, 좌측통행'이라는 슬로건 때문이다. 한 줄 서기 운동이 언제부터 시작되었는지는 정확하지 않다. 어떤 이는 1999년부터라고 하고, 또 어떤 이는 지하철 운영이 시작된 1996년부터라고도 한다. 중요한 건 언제 시작되었든 내 기억으론 에스컬레이터에서 항상 한 줄 서기를 해왔고, 내 주변 사람들 역시 그래왔다는 사실이다. '한 줄 서기' 운동은 타이베이시에서 가장 성공한 캠페인으로 에스컬레이터가 설치된 다른 지역에까지 영향을 미쳤다.

하지만 이 정책은 2005년 제야에 벌어진 불의의 사고의 간접적 원인으로 지목되어 변화를 맞는다. 그 불의의 사고는 당시 뉴스에서 '두피 박탈 사건'이라고 보도된 사고였다. 그날 타이베이 시청역사는 제야 행사에 참여했다가 집으로 돌아가는 사람들로 인산인해를 이루었다. 물론 사람들은 평소처럼 에스컬레이터 좌측으로 통행을 했다. 그러나 워낙 많은 인파에 한 여성이 밀려 넘어지면서 머리카락이 에스컬레이터에 말려 들어가는 사고가 났고, 그 여성의 두피가 벗겨지면서 현장은 피바다가 되었다.

이 사건 이후, '한 줄 서기'가 에스컬레이터에 실리는 하중의 불균형을 초래해 고장을 일으킬 수 있다는 언론 보도가 나왔고, 이에 타이베이시는 '한 줄 서기' 운동을 중단하고 지하철 캠페인 슬로건을 '손잡이 잡기, 걷거나 뛰지 않기'로 변경했다.

그로부터 10여 년이 지난 지금, 사람들은 달라졌을까? 그렇지 않다. 사람들은 여전히 질서 있게 한 줄 서기를 하고 있다. 내 친구들도 좌측통행 정책이 이미 철회되었다는 사실을 대부분 알고 있지만 여전히 우측에 한 줄 서기를 실천 중이라고 했다. 왜냐? 다들 그렇게 하기 때문이란다. 이런 현상은 엘리베이터를 탈 때도 나타난다. 엘리베이터를 탈 때는 모두 같은 방향으로 타야 한다는 법칙이 있는 것도 아닌데 다들 그렇게 하지 않던가? 이것이 바로 심리학에서 말하는 '동조행동(Conforming Behavior)'이다.

동조행동은 '군중' 혹은 어느 '집단의 절대다수'라는 배후의 압력이 작용했을 때 나타나는 행동을 말한다. 앞서 언급한 에스컬레이터 이야기에서는 에스컬레이터를 타는 사람들이 하나의 집단에 해당

한다. 비록 그들이 서로를 모르는 남남일지라도 말이다. 우리 사회
에는 이보다 긴밀한 관계를 가진, 예컨대 학급이나 회사와 같은 다
수의 집단이 존재하는데, 이들은 더 크고 전면적인 동조 압력(Peer
Pressure)을 초래한다. 문제는 그 속에서 조금만 방심해도 '집단사고
(Groupthink)*'에 빠져 다른 사람들과 생각을 같이하기 위해 독립적
인 사고를 포기하기 십상이라는 점이다.

인간에게 동조화 경향이 있다는 사실은 미국의 심리학자 솔로몬 애
쉬가 1951년에 실시한 한 실험을 통해서도 입증된 사실이다. 이 실험
은 여덟 명을 한 그룹으로 묶어 한 사람씩 돌아가며 질문에 답하는 형
식으로 진행되었는데, 사실 이 중 일곱 명은 사전 배치된 실험 도우미
로 진정한 실험 대상자는 마지막 한 사람뿐이었다.

애쉬는 먼저 직선 하나가 그려진 카드를 모두에게 보여주었다. 그
런 다음, 직선 세 개가 그려진 또 다른 카드를 보여주고, 이 카드에 그
려진 직선 중 첫 번째 카드의 직선 길이와 같은 것은 무엇인지를 물
었다. 길이의 차이가 분명했기에 보통 사람이라면 쉽게 답을 맞힐 수
있는 문제였다.

실험 초반엔 모두가 올바른 답을 선택했지만, 실험이 반복되며 실
험 도우미들은 사전에 약속한 시나리오대로 하나같이 틀린 답을 선택
했다. 이때 여덟 번째, 그러니까 이런 상황을 전혀 모르는 실험 대상자
는 어떻게 답을 했을까? 정답은 A인데 실험 도우미들이 모두 C라고
답한 상황에서 여덟 번째 실험 대상자는 원래 정답대로 A를 선택했을
까? 아니면 다른 일곱 명의 답을 따라 C를 선택했을까?

결과에 따르면 매번 자기 생각대로 정답을 이야기한 사람은 네 명

중에 한 명꼴이었으며, 다른 사람들은 대세의 영향을 받아 적어도 한 번은 틀린 답을 선택했다. 그리고 전체 실험 대상자 중 5%가 매번 다수의 의견을 따라 틀린 답을 선택했다. 대다수의 사람이 동조압력의 영향을 어느 정도 받는다는 사실은 이 실험을 비롯해 이후의 많은 유사 실험을 통해서도 입증되었다.

삼국 시대의 문인 이강이 이런 말을 남겼다.

'숲보다 큰 나무는 바람에 쓰러지고, 해안보다 높은 흙더미는 파도에 쓸려가며, 능력이 뛰어난 사람은 다른 사람들의 비방에 시달린다(木秀於林, 風必摧之. 堆出於岸, 流必湍之. 行高於人, 衆必非之).'

쉽게 말해서 '모난 돌이 정 맞는다'는 소리다. 인간은 사회적 동물로 다른 사람과 더불어 살아갈 필요가 있다. 그런 의미에서 다수의 의견을 따라야 한다는 무언의 압력이 작용하는 것은 지극히 정상적인 일이다. 그 누구도 집단의 조화를 깨뜨리고, 아웃사이더가 되길 원하는 사람은 없기 때문이다.

그러나 문제는 어떠한 일을 논의할 때, 다수의 의견이 틀렸다는 것이 명백하고, 또 누군가는 이러한 사실을 분명히 인지하고 있어도 말을 꺼내지 못해 심각한 오판을 초래하는 경우가 많다는 것이다.

심리학자들은 동조압력 아래 발생하는 인지부조화의 균형을 맞추기 위해 자신의 신념을 바꿔 다수의 의견이 옳다고 생각하기 시작하는 현상을 '집단사고'라고 부른다.

세 가지 조건이 충족될 때 가장 쉽게 집단사고에 빠지게 되는데, 그 첫 번째 조건은 바로 연대감을 가진 집단일 경우, 두 번째는 폐쇄적인 집단일 경우, 그리고 세 번째는 결정을 내릴 시간이 촉박한 경우이다. 이 세 가지 조건에 모두 해당한다면, 집단사고가 발생할 가능성이 더 커진다.

집단의식이 강할 때 동조의 압력이 개인의 주관을 억누르게 되는데, 이런 상황에서 자신의 입장을 이야기하려면 용기와 지지가 필요하다. 하지만 이는 말처럼 쉬운 일이 아니다. 정말로 자신의 의견을 제시하려고 나서면 나를 지지해주었던 사람들이 한 발 뒤로 물러서고 심지어 입장을 번복하기 일쑤이기 때문이다. 이때 그들에게 화를 내면 그들은 도리어 성을 내며 상대를 물어뜯으려 할지도 모른다.

알다시피 안데르센의 동화 《벌거벗은 임금님》에서 "임금님은 벌거숭이!"라고 진실을 얘기한 사람은 다른 누구도 아닌 한 아이였다. 그랬다. 어른들은 누구 하나 진실을 이야기하지 못했다. 집단사고에 빠지면 논의 과정에는 갈수록 오류가 많아지고, 결국 내가 리더가 아닌데 어떻게 반대의견을 낼 수 있겠느냐는 생각을 하게 되는 것이다.

다시 심리학자 애쉬의 실험 이야기로 와보자. 당시 실험 대상자 10명 중 7명이 실험 도우미의 영향을 받아 오답이 명백한 답을 선택했다. 그러나 실험 조건 하나를 바꾸자 결과는 확연히 달라졌다. 실험 도우미 모두가 틀린 답을 선택한 가운데, 딱 한 명의 실험 도우미가 "음, 정확히는 잘 모르겠어요"라는 말을 덧붙이자 거의 100%의 실험 대상자가 자기 생각대로 솔직한 답변을 내놓은 것이다.

결과를 바꿔놓은 또 다른 상황은 질문에 대한 답을 말로 하지 않고 종이에 적어내도록 했을 때였다. 다른 사람들이 내가 어떤 답을 했는지 모르는 상황일 때 역시 모든 실험 대상자가 솔직한 답변을 내놓은 것이다. 이를 통해 우리는 집단사고에 대항하려면 의문을 제기할 여지와 사적인 발언 기회가 필요함을 알 수 있다. 진실을 말하고 싶은데 다른 사람들에게 공격을 받을까 봐 걱정이 된다면 소통의 기술에 주의를 기울여보자.

예컨대 "내 생각엔 A가 확실한 정답이야" 하는 표현은 삼가야 한다. 여기에는 '너희는 다 틀렸어'라는 속뜻이 숨어 있기 때문이다. 자신의 의견을 표명하기 위해 공격적인 말을 더하는 것은 더더욱 금물이다. "다들 눈이 삐었나? A가 정답이 분명하고만!"이라고 말하면 순식간에 사람들의 이목을 집중시킬 수 있을지는 몰라도 눈엣가시가 되어 온갖 공격을 받게 될 테니까 말이다. 아무리 자신의 말이 옳다고 해도 최소한의 눈치는 필요한 법이다.

그러니 말투를 살짝 바꿔 모르는 척 이렇게 이야기해보자.

"맙소사! 내 눈이 이상한가 봐! 난 왜 A가 첫 번째 카드의 직선과 똑같아 보이지? 이상하네."

"내가 항상 남보다 반 박자가 늦어서 그러는데 왜 그런 답이 나왔는지 설명해줄 수 있을까?"

"내가 바보 같은 질문 하나 해도 될까?"

자조 섞인 말로 의견을 표현하면, 다른 사람들이 당신을 공격할 이유가 사라진다. 그렇게 되면 뭇사람의 기분을 상하게 하지 않고도 자신의 견해를 이야기할 수 있으며, 다른 사람들에게 각자의 견해에 대한 설명을 부탁할 수도 있다. 그러면 집단사고라는 이 멍청한 야수가 점차 모습을 감춰, 그동안 침묵을 선택했거나 다수의 의견을 따랐던 이들이 저마다 다른 입장을 이야기하기 시작할지도 모른다. 이때 우리가 해야 할 일은 다른 목소리를 담을 여지를 남겨두는 것이다.

명심하라. 집단의 압력에 의해 태어난 야수는 사납고 어리석다. 그러니 야수의 털을 쓰다듬되 털 속에 숨은 벼룩을 보고 놀라지 말아야 한다. 분위기를 깨지 않는 선에서 센스 있게 의문을 제기하고, 이치를 따진답시고 지나치게 상대를 몰아붙이는 일은 없어야 한다. 자신의 생각이 아무리 옳더라도 이를 에둘러 표현할 줄 알아야 한다.

몇 해 전, 인기를 끈 영화 중 〈디 벨레(독일어로 '물결'이라는 뜻)〉라는 독일 영화가 있었다. 영화 속 주인공인 역사 선생님은 학생들에게 제2차 세계대전 당시 나치가 어떻게 사람들의 마음을 사로잡았고, 독일 국민들은 또 어떻게 나치의 만행을 방관했는지를 이해시키기 위해 한 가지 실험을 진행한다. 학생들이 '디 벨레'라는 조직을 결성하도록 지도하고, '규율, 단결, 행동이 곧 힘'임을 강조하며, 자신들만의 구호와 제복, 제스처, 규칙을 만들도록 한 것이다.

그 결과 회원이 점점 늘어나면서 한 반에서 시작된 '디 벨레'는 정말로 교내의 새로운 물결이 되었다. 역사 선생님이 조직의 지도자로 추대되었고, 회원들은 서로의 충성심을 감시하며 비회원들에게 폭력과 협박을 가하는 등, 진정한 파시스트 단체로 변모해갔다. 무엇보다 무서운 점은 실험 진행자인 역사 선생님조차도 집단사고에 빠져 권력을 놓지 않으려는 순간이 있었다는 사실이다. 지도자인 듯 보이는 그도 실은 동조 효과의 피해자이자 가해자로 변해버린 것이다.

이 영화는 토드 스트라서가 미국 캘리포니아의 한 고등학교에서 실제로 있었던 이야기를 바탕으로 쓴 소설 《파도》를 원작으로 하고 있다. 픽션과 논픽션이 버무려진 영화인 셈이다. 그러나 우리가 잊지 말아야 할 사실이 있다. 바로 영화 속 '디 벨레'라는 조직의 모방 대상인

'나치'는 실제 역사였다는 점이다. 영화를 통해서도 알 수 있듯 집단 사고는 한 번 빠지면 스스로 헤어나기 어려울 정도로 그 영향력이 상당하다. 자신의 생각까지 왜곡되기 때문이다. 어떤 한 집단에서 집단사고가 일어나는 것을 방지하는 가장 현명한 방법은 집단 내에 의도적으로 반대 의견을 말하는 사람을 두는 것이다. 그가 감찰자로서 다양한 반대의견을 제시함으로써, 사람들이 미처 생각하지 못한 부분이나 보지 못한 빈틈을 발견하게 도와주는 것이다. 영어에는 이런 사람을 일컬어 악마의 대변인이라는 뜻을 가진 '데블스 에드버킷'이라고 부른다.

로마 가톨릭 교회에서 비롯된 이 용어는 사실 교회에서 파견하는 정식 직위를 가리켰다. 악마의 대변인은 교회에서 인품과 덕성이 높은 인사를 성현으로 지목할 때마다 해당 후보자의 인적을 조사해 그가 성현이라 불릴 자격을 갖췄는지, 흠은 없는지를 철저히 파헤쳐 자격이 없는 사람이 사후 성현으로 떠받들어지는 일이 없도록 했다.

진심 어린 충고는 귀에 거슬리는 법이다. 그러나 진심 어린 충고가 한 집단을, 회사를, 가정을, 그리고 사회를 구할 수 있다면 악마의 대변인을 여러 명 두어 집단사고에 대한 의문 제기의 여지를 만들어야 한다. 그렇게 해야만 집단사고의 영향이 집단의 맹점이 되는 것을 막을 수 있다.

집단사고에 대항하는 법

STEP 1 ✺ 의문을 제기할 여지와 사적인 발언 기회를 만든다.

STEP 2 ✺ 진실을 말하고 싶은데 다른 사람들에게 공격을 받을까 걱정
된다면 소통의 기술에 주의를 기울인다.

STEP 3 ✺ 말투를 살짝 바꿔 모르는 척, 자조 섞인 말로 의견을 이야
기한다.

STEP 4 ✺ 자신의 의견을 표명하기 위해 공격적인 말을 덧붙이지 않
는다.

STEP 5 ✺ 기세를 몰아 다른 사람들에게 각자의 의견에 대한 설명을
부탁한다.

22 몸이 마음을 속이게 하지 말라

자각이 있으면 선택권이 생긴다. 자각 능력을 가지면 자신이 비이성적인 상태에 빠지지는 않았는지 살피기가 훨씬 수월해지기 때문이다.

    잠깐 스친 우연한 만남에 가슴이 설레어본 적이 있는가? 예를 들면 사람들로 붐비는 지하철에서 지각을 면하기 위해 허둥지둥 서두르다 교통카드를 떨어뜨렸다고 가정해보자. 이때 누군가 당신을 대신해 교통카드를 주워주었다. 그(그녀)가 고개를 들어 카드를 건넸고, 당신과 그(그녀)는 어색한 눈인사를 주고받으며 헤어졌다. 그런데 그 찰나의 순간에 밀려온 감정이 온종일 당신을 괴롭히며 '이 바보! 그때 그(그녀)와 연락처를 주고받았어야 했는데!'라고 생각했던 적, 혹시 있는가?

    따지고 보면 인간은 정말로 복잡한 동물이다. 우리는 감정과 충동을 느끼며, 각종 신체적·심리적 반응을 보이지만 그러면서도 정작 자신이 왜 그런 반응을 보이는지 모를 때가 많다.

    어쩌면 당신은 그(그녀)가 좋아서 긴장되고, 그(그녀)가 싫어서 화가 나며, 상대가 그럴 만한 일을 했기 때문에 흥분하는 것이라고 생각할 것이다. 하지만 사실 당신은 자신의 감정의 근원을 오판하고 있을지도 모른다.

이것이 바로 이번 장에서 이야기할 비이성적 현상, 즉 '구름다리 효과' 또는 '캐필라노의 법칙'이라고도 불리는 '감정 환기의 잘못된 귀인(The Misattribution of Arousal)*'이다.

'감정 환기의 잘못된 귀인'에 대한 연구는 100여 년 전부터 시작되었는데, 그중에서도 캐나다 밴쿠버에 위치한 캐필라노 협곡의 현수교에서 진행된 실험이 가장 널리 알려져 있다. 과거 20여 층 건물 높이에 굵은 밧줄과 목판으로 만들어놓은 캐필라노의 구름다리는 보는 것만으로도 가슴을 조마조마하게 만드는 곳이다. 그런데 바로 이곳에서 심리학자 아서 아론과 도널드 더튼은 실험을 진행한다. 그들은 먼저 실험 도우미로 고소공포증이 없는 미모의 여성을 구했다. 그녀에게 주어진 임무는 흔들림이 가장 심한 구름다리의 정중앙에서 혼자 다리를 건너는 18세~35세 사이의 남성을 기다렸다가 잠시 시간을 내어(흔들다리 정중앙에서) 설문지를 작성해달라는 부탁을 하는 것이었다. 그러나 설문지 작성은 그저 연막탄일 뿐 진짜 실험 목적은 따로 있었다.

남성들은 여성에게서 설문지 작성과 함께 그림을 보고 이야기를 만들어달라는 부탁도 받았다. 그렇게 남성들이 설문지를 다 작성하고 나면 이 실험에서 가장 중요한 단계가 시작되었다. 실험 도우미인 여성이 자신의 개인 연락처를 적은 종이를 건네며, 미소 띤 얼굴로 이렇게 말한 것이다.

"오늘 도와주셔서 정말 고맙습니다. 실험 결과에 대해 알고 싶으시면 오늘 저녁에 전화해주세요."

그 결과 절반에 가까운 남성들이 이 미모의 실험 도우미에게 전화를 걸어 데이트를 신청했다.

한편 같은 여성이 실험 도우미로 나서 지상과 가까운 튼튼한 다리에서 진행했던 실험 대조군의 실험에서는 12.5%의 남성만이 그녀에게 전화를 걸었다. 무엇보다 흥미로운 점은 그림을 보고 이야기를 만들어달라는 부탁을 받았을 때, 흔들다리에 있었던 남성들이 대조군의 남성들에 비해 성적 암시가 담긴 로맨틱한 이야기를 지어냈다는 사실이다. 그런데 이것이 바로 '감정 환기의 잘못된 귀인' 때문이다.

생각해보라. 흔들리는 구름다리 중간에 서 있다면 어떻겠는가? 심장박동이 빨라지고, 주의력이 집중되며, 체온이 상승하고, 호흡이 가빠지는데 이러한 신체적 반응은 첫눈에 반했을 때의 반응과 거의 비슷하다. 이때 아름다운 여성이 나타나자 대뇌가 이러한 신체적 반응을 아름다운 여성에 대한 설렘이라고 오판한 것이다.

실험 대상이 된 남성들은 자신의 심장박동이 빨라진 이유를 흔들리는 구름다리 때문이라고 생각하지 않았을 것이다. 그리고 이러한 감정을 자신도 모르게 사랑의 불꽃이라 여겼을 것이다. 게다가 사람이 긴장하면 아드레날린이 분비되어 주의력이 높아지는데, 이러한 상태에서는 자신이 만난 상대에 대해 더 깊은 인상을 받는다.

대학 시절, 심리학 강의 중 내가 처음으로 이 실험 이야기를 들었을 때, 교수님이 우스갯소리로 말씀하셨다.

"다음에 데이트할 때, 상대의 마음을 설레게 만들고 싶은 사람들은 영화관에 가서 공포 영화를 보거나 놀이공원에 가서 롤러코스터를 타보도록!"

'세상에 사랑이 어디 있어? 전부 생리적 충동일 뿐인걸!'이라던 첸 중수(중국의 작가이자 학자)의 말이 괜한 말은 아니었던 모양이다. 완전히 맞는 말이라고는 할 수 없지만 그렇다고 딱히 틀린 말도 아닌 것을 보면 말이다.

당시 동기 하나가 교수님에게 물었다.

"교수님, 상대가 공포 영화를 좋아하지 않는다면 오히려 역효과가 나지 않을까요? 영화를 보고 나와서 그길로 연락을 안 할 수도 있잖아요."

매우 좋은 질문이었다. 좋은 자극이 어떤 사람을 좋아하게 만들 수 있다면, 나쁜 자극은 어떤 사람을 싫어하게 만들 수도 있지 않을까?

이 질문에 대한 답을 찾기 위해 심리학자들은 또 다른 실험을 진행했다.

이 실험에서 한 그룹은 박장대소할 수 있는 코미디 영화를 시청해 '긍정적인 자극'을 먼저 받았고, 다른 한 그룹은 교통사고 현장이나 전쟁처럼 선혈이 낭자한 영화를 시청해 '부정적인 자극'을 받았다. 그리고 대조군은 그 어떤 자극도 받지 않았다. 그런 다음 모든 사람이 두 여성(실은 한 명이 1인 2역을 함)이 나오는 영상을 보았다. 한편에서는 여성이 예쁘게 화장을 했고, 다른 한편에서는 못생기게 분장을 했다. 연구 대상자들은 영상을 보고 해당 여성과 데이트를 하고 싶은지 등의 문제를 포함해 각각의 여성에 대한 의견을 나누었다.

그 결과 자극을 받았던 사람들은 자극을 받지 않은 사람들에 비해 아름다운 여성을 더 아름답다고, 못생긴 여성을 더 못생겼다고 생각하는 것으로 나타났다. 다시 말해서 앞선 자극으로 일어난 신체적 반응이 한 사람에 대한 평가를 강화해 좋은 점은 더 좋게, 나쁜 점은 더 나쁘게 받아들이도록 한 것이다. 앞선 자극이 긍정적인 것이든 부정적인 것이든 상관없이 말이다. 그렇다. 인간에게는 자극을 받으면, 그 자극이 좋은 것이든 나쁜 것이든 호불호에 대한 반응이 더 강렬해지는 경향이 있다. 공포 영화를 보는 것이 나름대로 먹히는 방법인 셈이다!

'구름다리 효과'의 영향력은 생각보다 크다. 경험이 풍부한 일부 사업가의 말처럼 말이다.

"사업을 할 때 '이거다' 하는 느낌이 오면 맞고, '아니다' 하는 느낌이 오면 정말 아닌 거야."

이는 저녁 시간을 앞두고 난항을 겪던 회의가 배불리 식사하고 난 후, 단 두세 마디로 결정되는 상황이 벌어지는 이유이기도 하다. 신체적으로 느끼는 만족감(포만감)이 심리적으로 전이되었기 때문이다. 이는 이스라엘에서 진행한 한 연구를 통해서도 입증된 바다. 판사들이 식사하기 전 가장 냉혹한 판결을 내렸고, 식사하거나 휴식을 취한 후에는 비교적 너그러운 판결을 내린 것이다. 1천여 건의 가석방 판결을 정리해 얻은 이 결과는 통계표를 봐도 그 명확한 차이를 알 수 있다.

이성적이고 공정하다고 여겨지는 판사들마저도 생리적 반응에 영향을 받는다니, 일반인들은 말할 것도 없지 않겠는가! 사람은 피곤할 때 까칠해지는 법이다. 하지만 여기서 의문! 방금 피트니스 센터에서 격렬한 운동을 마치고 난 후, 심장박동수와 혈압이 모두 상승했을 때 회의를 하게 되면 몸의 흥분 상태 때문에 충동적인 결정을 하게 되지 않을까? 이럴 때는 먼저 마음을 가라앉혀 냉정을 되찾아야 하지 않을까? 중요한 결정을 내리기 전에는 오판을 초래할 수 있는 신체적 영향을 되도록 배제해야 하지 않을까?

여기에 내가 모두와 나누고 싶은 이야기의 포인트가 있다. 바로 우리 모두 신체적 영향을 받는 것은 피할 수 없으니 '자각 능력'을 가져야 한다는 것이다. 잠시 멈춰 몸의 이야기를 듣고, 냉정하게 진짜 원인을 찾을 줄 알아야 한다.

'왜 갑자기 이렇게 가슴이 두근대지? 정말 이 제안에 한없이 흥분되어서일까, 아니면 좀 전에 마신 커피 두 잔 때문일까?'

'갑자기 이 사람이 잘생겨 보이는데, 방금 그가 한 말 때문일까, 아니면 조금 전에 롤러코스터를 타서 그럴까?'

물론 이러한 반응들을 거부해야 한다는 뜻은 아니다. 그저 자각 능력을 높여야 한다는 것뿐이다. 상대적으로 말하면 자신의 몸을 돌보는 게 곧 마음을 돌보는 것임을 알아야 한다. 그러니 중요한 제안을 해야 하는데 오후 5시에 회의가 잡혔다면, 온종일 피곤했을 고객들을 생각해 가는 길에 간식을 사보자. 다 함께 간식을 나누어 먹으면 혈당이 상승해 기운이 나고 기분도 좋아져 제안이 받아들여질 가능성이 커질 테니까 말이다.

언젠가 뉴욕에서 브로드웨이 뮤지컬을 본 적이 있다. 극이 가장 비극적인 부분에 달했을 때, 음악이 깔리면서 무대를 비추던 조명이 갑자기 객석으로 향했다. 그런데 그 순간 눈이 시리고 코끝이 찡해지더니 눈물이 나는 것이 아닌가! 정말 감동적이라는 생각과 함께 나는 문득 이런 생각이 들었다.

'조명을 참 잘 썼네! 내 눈물샘을 자극하고, 극에 대한 감동도 극대화하다니!'

나는 내가 신체적 반응에 속아 넘어갔다는 사실을 알고 있었지만 기꺼이 속아 넘어가는 쪽을 선택했다. 감정을 따라 극에 더욱 몰입할 수 있었으니 이 또한 좋지 아니한가?

구름다리 효과를 잘 이용하면 조명과 음악을 잘 활용했을 때처럼 때로는 감동을, 때로는 설렘을, 또 때로는 깨달음을 줄 수 있다.

그러니 구름다리 효과에 대해 이해하고, 깨달은 후에는 자각 능력을 높이기 위해 노력하길 바란다. 자각이 있어야 선택권이 생기기 때문이다. 나는 개인적으로 '자각'이 심리학에서 매우 중요한 개념이라고 생각한다. 그러니 앞으로는 자신의 감정과 신체적 반응을 관찰해 보라. 자각 능력을 가지면 자신이 비이성적인 상태에 빠지지는 않았는지 살피기가 훨씬 수월해진다. 그러면 구름다리가 아무리 흔들려도 언제나 평정심을 유지할 수 있다.

자각 능력을 키우는 방법

STEP 1 인간은 생리적 영향을 받을 수밖에 없음을 이해한다.

STEP 2 이러한 반응들을 거부할 것이 아니라 '자각'하도록 한다.

STEP 3 잠시 멈춰 서서 자신의 감정과 신체적 반응을 살피고, 진짜
원인을 냉정하게 생각해본다.

STEP 4 자신이 비이성적인 상태에 빠져 있지는 않은지 관찰한다.

23 마음을 따르되 머리를 써라

어떤 판단을 내릴 때는 마음의 소리에 귀를 기울여 직감의 도움을 받아도 좋다. 하지만 이와 동시에 머리를 써서 직관에 자각을 더해야 할 필요가 있음을 잊지 말자.

우리 집에는 매우 중요한 캐릭터가 있다. 바로 딸과 아들의 장난감 중 하나이자 긴 코를 가진 코끼리 인형이다. 아이들은 매일 그 코끼리 인형을 품에 안고 놓아주지를 않는다. 얼마나 가지고 놀았으면 보풀이 일고 꼬질꼬질 때가 탔지만 그래도 여전히 그 인형이 좋단다.

그래서 언젠가 아이들에게 물은 적이 있다.

"귀여운 인형이 엄청 많은데 왜 이 코끼리 인형이 그렇게 좋아?"

딸은 말했다.

"코끼리의 눈이 자그마한 게 귀엽잖아요!"

이에 나는 다시 물었다.

"고양이 인형은 눈이 커다란데, 전엔 고양이 인형도 귀엽다고 했잖아!"

그러자 딸은 말을 바꾸었다.

"코끼리는 코가 길어서 귀엽잖아요!"

나는 또 물었다.

"그런데 너희는 페파 피그도 좋아하잖아. 페파 피그는 코가 길지 않은데?"

"하지만…… 하지만……."

귀엽게도 아이는 내가 자신을 놀리는지도 모른 채 열심히 답변을 생각했다.

그렇다면 어른인 우리는 어떨까? 자신이 왜 어떤 사람이나 물건을 좋아하는지 그 이유를 정확하게 알고 있을까? 이 질문에 혹자는 이렇게 답할 것이다.

"물론이죠! 내가 이 옷을 좋아하는 이유는 이번 시즌 최신상이기 때문이에요. 게다가 입었을 때 핏도 좋거든요."

"난 이 사람이 좋아요. 내게 잘해주고, 내 건강 상태에도 관심을 가져주거든요."

물론 무언가를 좋아하는 데에는 이성적인 이유도, 감성적인 이유도 있겠지만 때로는 별다른 이유 없이 그저 좋으니까 좋은 거라고 생각될 때도 없지 않다.

노벨 경제학상 수상자이자 행동경제학자인 대니얼 카너먼은 '이중 과정 모델(Dual-Process Model)*'이 작용하기 때문이라고 말한다. 그의 이론에 따르면 인간은 어떤 판단을 할 때, 서로 다른 두 가지의 사고 패턴이 동시에 작용한다. 그가 말하는 두 가지 사고 패턴이란 느낌이나 과거의 경험에 치우쳐 직관과 감정에 기대 판단을 하는 '시스템 1'과 세부 사항에 대한 분석과 비교 및 계산을 통해 판단을 내리는 '시스템 2'를 말한다. 우리가 어떤 판단을 내릴 때 이 두 개의 시스템이 동시에 작용하는데, 대뇌가 이를 하나로 합쳐 선택의 근거로 삼는다는 것이다.

예를 들어보자. 추운 겨울날, 불어오는 바람에 몸을 잔뜩 움츠린 채 친구와 함께 길을 걸으며 저녁 메뉴를 고민하고 있다. 근처에는 두 곳의 음식점이 있다. 하나는 가까운 곳에 있는 이탈리안 레스토랑, 다른 하나는 거리가 꽤 되는 곳에 있는 전골집인데, 대체 어디로 가야 할까?

이때 당신은 생각하기 시작한다. 두 식당에서 파는 음식의 가격대와 거리, 당시의 교통상황 등을 비교하며 열심히 '시스템 2'를 작동시키는 것이다. 물론 '시스템 1'도 가만히 있을 리 없다. 친구와 함께 이탈리안 레스토랑에 앉아 파스타를 먹는 상상을 해보고, 다시 김이 모락모락 나는 냄비를 가운데 두고 앉아 뜨끈한 수육전골을 먹는 상상도 해본다. 그리고 이내 당신과 친구는 서로를 바라보며 동시에 결정을 내린다.

"이런 날씨에는 전골이지!"

하지만 택시는 도통 잡히질 않고, 갑자기 살을 에는 바람까지 불어온다면? 두 사람은 옷깃에 얼굴을 파묻으며 무언의 눈빛을 교환하고는 서둘러 이탈리아 레스토랑으로 발길을 옮긴다. 그렇다면 이는 이성적인 결정일까, 감성적인 결정일까?

양자에 모두 해당한다. 결정을 내릴 땐 항상 이렇다. 대뇌뿐만 아니라 온몸이 어떤 결정을 내려야 할지 신호를 보낸다. 배가 고플 때 뭔가 먹고 싶다는 생각이 드는 것은 비단 '시스템 2'가 여러 분석을 통해

밥때가 되었다는 신호를 보냈기 때문만은 아니다. 마찬가지로 복잡한 문제에 맞닥뜨렸을 때도 이성적인 대뇌를 통해서만 올바른 판단을 내릴 수 있는 것은 아니다. 사실 온전히 이성에 기대 결정을 내리는 것은 생각보다 훨씬 번거로운 일일지 모른다.

의학계에 이와 관련한 아주 유명한 사례가 있다. 원래는 정상적이었던 사람이 교통사고를 당해 대뇌에서 각 시스템의 의견을 조합하는 안와전두피질이 손상되었다. 몸이 회복된 후, 환자는 일상생활을 하는 데 전혀 문제가 없어 보였다. 하지만 그는 사고 후 결정을 잘 내리지 못하게 되었음을 알 수 있었다. 직관을 제대로 종합하지 못해 이성적인 분석을 통해서만 결정을 내릴 수밖에 없었고, 그런 까닭에 결정을 내리는 모든 순간이 복잡해졌다. 너무 많은 것을 고려하느라 세부 사항들로 머리가 꽉 차다 보니 정작 행동하지 못하고 주저하며 온종일 소파에만 주저앉게 된 것이다.

안타깝지 않은가? 심리학자들은 '느낌'이라는 것이 두뇌 활동을 돕는 '약어'라고 말한다. 과거의 경험과 연상, 그리고 온갖 복잡한 정보들이 모두 하나로 연결되어 말로 할 수 없는 호불호의 감정을 만들어내는데, 실은 이러한 과정이 우리의 결정을 돕는다.

영어에 'Follow your heart'라는 말이 있다. 마음의 소리를 듣고, 마음이 이끄는 대로 움직이라는 뜻이다. 달리 말하면 애써 자신의 '직감'을 부정하지 말라는 뜻이기도 하다. 그러나 이와 함께 '자각'적이어야 할 필요도 있다. '느낌'은 여러 요소의 영향을 받기 쉽지만, 우리는 대개 이를 잘 자각하지 못하기 때문이다.

옆에 있는 사람이 갑자기 하품하면 나도 모르게 하품을 따라 하게 되는 것처럼 말이다. 이 경우 우리가 정말 피곤하고 대뇌에 산소가 부족해서 하품하는 것일까, 아니면 다른 사람의 영향을 받아서일까? 그것도 아니면 다른 사람이 하품하는 것을 보고 나도 하품해야겠다고 모종의 암시를 하고, 스스로를 일깨워서일까?

사실 우리의 일상생활 곳곳에는 암시와 알림이 숨어 있다. 예컨대 너무 많아 무심코 지나치는 광고판이며 LED 전광판, 포스터, 전단지 등이 그렇다. 그런데 우리는 과연 정말로 이러한 암시와 알림에 영향을 받지 않았을까? 예를 들어 어느 옷이 정말 마음에 든다고 했을 때, 정말 미학적으로 예뻐서 그 옷을 마음에 들어 하는 걸까? 아니면 최근 잡지나 인터넷, 혹은 다른 사람들의 옷차림을 통해 자주 봐왔기 때문에 마음에 들어 하는 걸까?

심리학자들은 새로운 브랜드나 새로운 친구, 또는 새로운 노래 등을 자주 접할수록 이를 좋아할 가능성이 커진다며, 이러한 현상을 단순 노출 효과라고 부른다. 새로운 트렌드 역시 이러한 현상으로부터 시작되는데, 솔직히 말해서 우리가 어떤 옷을 구매할 때 그저 미적인 부분과 기능만을 고려했다면 소위 패션산업도 존재하지 않았을 것이다.

그렇다면 우리는 왜 갑자기 어떤 일에 열광하게 되는 걸까? 정말 그 대상이 좋아서일까? 아니면 우리도 모르게 어떤 영향을 받았기 때문일까?

요컨대 이러한 질문들에 답을 할 수 있으려면 우리가 좀 더 '자각'을 가져야 한다. 그러니 자신의 구매행위가 주변의 정보와 무슨 관계가 있는지 각별히 주의를 기울여보자. "이런 느낌은 어디서 왔을까?"

라고 수시로 자문해봐도 좋다. 이는 결코 마음의 소리를 부정하라는 얘기가 아니다. 마음의 소리를 받아들이되, 자신의 감정 및 느낌의 근원에 대한 호기심과 자각을 잃지 말아야 한다는 뜻이다.

이를 위한 좀 더 체계적인 연습 방법은 일기를 쓸 때, 결정을 내린 순간의 사고 과정과 마음속 감정을 기록해보는 것이다. 특히 복잡하고 어려운 결정일수록 결정에 따른 결과를 함께 기록해두는 것이 좋다. 개인적으로는 이후 키워드만 입력하면 빠르게 검색을 할 수 있도록 메모장 같은 프로그램을 이용해 컴퓨터에 기록을 남기는 것을 추천한다. 그러면 또다시 잘못된 판단을 내리는 것을 피할 수 있을지도 모른다.

앞서 언급한 'Follow your heart'라는 말에 나는 이렇게 덧붙이고 싶다.

"Use your head. You can follow your heart, if you use your head."

어떤 판단을 내릴 때는 마음의 소리에 귀를 기울여 직감의 도움을 받아도 좋다. 하지만 이와 동시에 머리를 써서 직관에 자각을 더해야 할 필요가 있음을 잊지 말자.

그러면 앞으로 누군가 "왜 좋아?"라고 물을 때, 장황하게 설명할 것 없이 어깨를 으쓱이며 "그냥 좋아!"라고 대답할 수 있을 것이다. 말은 그렇게 해도 실은 이미 그 이유를 분명히 알고 있을 테니까 말이다.

직감에 자각을 더하는 방법

STEP 1 ✎✦ 자신의 구매행위와 주변 정보의 관계에 각별히 주의를 기울인다.

STEP 2 ✎✦ "이런 느낌은 어디서 왔을까?"라고 수시로 자문해본다. 이는 결코 마음의 소리를 부정하라는 얘기가 아니다. 마음의 소리를 받아들이되, 자신의 감정 및 느낌의 근원에 대한 호기심과 자각을 잃지 말아야 한다는 뜻이다.

STEP 3 ✎✦ 일기를 쓸 때, 결정을 내린 순간의 사고 과정과 마음속 감정을 기록해본다. 특히 복잡하고 어려운 결정일수록 결정에 따른 결과를 함께 기록해두는 것이 좋다. 개인적으로는 이후 키워드만 입력하면 빠르게 검색을 할 수 있도록 메모장 같은 프로그램을 이용해 컴퓨터에 기록을 남기는 것을 추천한다.

24 의협심을 발휘하는 것은 좋지만 정의의 탈을 쓴 악마가 되지는 말라

마음속 감정을 글로 적어보자. 그 과정만으로도 부정적인 감정을 몰아내는 데 도움 된다.

타이완 뉴스에는 심심하면 한 번씩 소위 '노약자석'에 관한 이슈가 등장한다. 실제 사례를 예로 들자면 임신 3개월의 한 임신부가 지하철 노약자석에 앉았다가 젊은 사람이 노약자석에 앉았다고 욕을 먹은 사건이 있었다. 아직 배가 부르지 않은 터였다. 그녀는 하는 수 없이 자신의 산모 수첩과 태아의 초음파 사진까지 꺼내 보여주었지만, 사람들은 그녀가 임부임을 믿어주지 않았고 결국 그녀는 자리에서 일어나야 했다. 황당하고 억울한 상황에 화가 난 데다 장시간 서 있는 바람에 몸에 무리가 왔던지 이후 그녀는 하혈하며 병원으로 실려 가 유산 방지 조치를 받아야 했다.

어디 이뿐인가. 한 학생이 버스 노약자석에 앉아 스마트폰을 들여다보고 있고, 노인이 그 학생 옆에 서서 가는 모습을 누군가 스마트폰으로 촬영해 인터넷에 올리면서 논란이 된 일도 있었다. 영상 속 노인은 학생에게 아무 말도 하지 않았고, 학생 역시 스마트폰을 하느라 노인을 못 봤는지, 아니면 보고도 못 본 척한 것인지 자리를 양보하지 않았다. 이 영상은 뉴스로도 보도가 되었고, 그 탓에 기자가 해당 학생의 학교 앞까지 찾아가는 상황까지 벌어졌다.

노약자석에 대해서는 다양한 해석이 존재한다. 어떤 사람들은 그 자리가 장애인임을 증명할 스티커가 없으면 주차장의 다른 자리가 꽉 찼더라도 주차할 수 없는 장애인 전용 주차구역과도 같다고 본다. 그러나 어떤 사람들은 필요한 사람들에게 '우선' 제공되는 자리이니 차량에 필요한 사람이 없다면 일반인도 앉을 수 있다고 생각한다. 물론 임산부나 노인이 아니더라도 피곤한 하루를 보내고 휴식이 간절한 사람이라면 못 앉을 이유가 없다고 생각하는 사람들도 있다.

그래서인지 '노약자석 논란'이 뉴스거리가 될 때마다 격렬한 논쟁이 벌어진다. 심지어 요즘은 '시민 감시단'을 자처하며 스마트폰으로 관련 영상을 촬영해 방송국에 제보하는 사람들도 있다. 그런 탓에 대중교통을 이용할 때마다 노약자석이 비어 있어도 서서 가는 쪽을 선택하는 사람이 적지 않다. 소위 '정의의 탈을 쓴 악마'에게 적발될까 봐 두려운 마음에 말이다.

하버드대학교 정치철학과 교수인 마이클 샌델은 몇 해 전 세계적인 베스트셀러가 된 저서 《정의란 무엇인가》에서 이렇게 말했다.

'정의를 논할 때 빠질 수 없는 것이 가치판단이다. 누군가 정의라고 생각하는 것이 다른 누군가에게는 정의가 아닐 수도 있다.'

그렇다면 스마트폰으로 몰래 제보 영상을 촬영하는 사람들에 대해 당신은 어떻게 생각하는가? 이들이 정의를 행하고 있다고 생각하는가? 인터넷상에서 '정의의 아우라'를 내뿜으며 그리 정의롭지 못한 발언을 하는 사람들과 논쟁을 벌이는 이들은 과연 정의를 행하고 있는 것일까?

최근 '정의의 탈을 쓴 악마'라는 단어가 심심치 않게 등장하는 이유는 아마 그들이 진정한 정의의 사도가 아니기 때문일 것이다. '정의의 탈을 쓴 악마'란, 넘치는 정의감에 특정 사물에 대한 완고한 생각 혹은 견해를 가진 나머지 지나치게 정의감을 발휘하여 또 다른 의미의 폭력을 행사하는 사람들을 뜻한다.

연초에 한파가 닥쳤을 때, 한 어머니가 다운점퍼를 입고 오토바이에 조끼 차림의 여자아이를 태우고 외출한 일이 있었다. 이 모습을 한 네티즌이 몰래 촬영해 유명한 '제보 게시판'에 올리면서 아이의 어머니는 네티즌의 거센 비난을 받았다. 각종 뉴스매체에서도 이를 보도했고, 하루아침에 아이의 어머니는 대중의 '총알받이'가 되었다. 이튿날 아이의 어머니는 '사진 한 장으로 아이를 학대하는 엄마가 되었습니다'라는 제목의 글을 올렸다. 그녀는 집을 나서기 전, 딸아이에게 외투를 입지 않겠느냐고 물었지만 아이가 한사코 자신이 좋아하는 조끼를 입겠다고 하는 바람에 결국 아이의 뜻을 존중해 조끼를 입혀 나간 것이라고 설명했다. 그런데 언론매체와 네티즌들이 그 사진 한 장을 가지고 집까지 찾아와 아이를 학대하는 부모라 자신을 비난할 줄은 몰랐다며, 지금의 상황을 받아들이기 어렵다고도 했다.

지난해 타이완 문단에 큰 사건이 있었다. 젊고 재능 있는 신예작가 린이한이 스물여섯 살 생을 스스로 마감한 사건이었다. 자신의 경험을 바탕으로 한 《팡쓰치의 첫사랑 낙원》이 출간과 동시에 베스트셀러에 등극한 지 두 달 만이었기에 그녀의 사망 소식은 타이완 전역을 떠들썩하게 만들었다. 당시 인터넷에서는 순탄치 않았던 책의 출판 과정이 스트레스로 작용해 그녀의 우울증이 악화되었고, 결국 극단의 선택을 한 것이라는 소문이 돌았다. 원래《팡쓰치의 첫사랑 낙원》은 바오핑문화에서 출판될 예정이었다. 그러나 이후 린이한과 미팅을 가진 바오핑문화의 주야쥔 사장이 그녀의 불안정한 정신 상태를 파악하고 그녀가 출판 후의 스트레스를 감당할 수 없을 것이라 판단해 출판 계획을 전면 취소하면서 다른 출판사가 책의 출판을 넘겨받았다.

린이한이 세상을 떠난 후, 이러한 과정이 인터넷뉴스로 보도되었고 주야쥔 사장이 린이한의 원고에 퇴짜를 놓았다고 언급된 것이 네티즌의 공분을 샀다. 네티즌은 주야쥔 사장이 린이한을 자살로 몰고 갔다며 목소리를 높였고, 이에 주야쥔 사장이 자초지종을 설명하고 나섰지만 이해를 얻기는커녕 오히려 더 큰 비난에 부딪혔다. 기자와 네티즌은 공격성 짙은 글들을 올려 주야쥔 사장을 공개적으로 비난했고, 마녀사냥에 시달리던 주야쥔 사장은 2017년 6월 자살을 기도했다.

다행히 주야쥔 사장은 목숨을 건졌지만, 이 사건은 많은 생각거리를 남겨주었다. 기자와 네티즌들이 보인 행동들은 정말로 '정의'를 위한 것이었을까? 실은 정의를 빙자한 일종의 폭력이 아니었을까? 왜 사람들은 '정의'라는 명제를 만나면 남을 배려할 줄 모르는 사람으로 변해 그토록 잔인해지는 것일까?

심리학적으로는 정의의 탈을 쓴 악마들의 언어적 폭력 행위를 '중첩 효과*'라고 부른다. 중첩 효과란 하나의 댓글이 논쟁을 불러일으켰을 때, 사건의 본질을 무시한 채 저도 모르게 논쟁에 발을 담그게 되는 사람들의 심리를 일컫는다. 흡사 '불난 집에 부채질'을 하고 싶어 하는 심리랄까? 거기에 인터넷의 익명성이 더해지면서 사람들은 정당한 이유로 자신의 공격성을 유감없이 발휘하는데, 이는 그렇게 해도 벌을 받기는커녕 '좋아요'가 쏟아지기 때문이다.

물론 정의의 탈을 쓴 악마들도 처음에는 약자를 돕고, 횡포를 휘두르는 사람들을 벌하려는 선의의 마음에서 어떤 소식들을 퍼 날랐을 것이다. 그러나 문제는 인터넷상에서의 일종의 군집 효과가 한 줄의 뉴스와 한 장의 사진, 그리고 작성자의 설명을 집단정서를 폭발시키기에 충분한 불꽃으로 만들어버린다는 사실이다. 이러한 현상이 때로는 좋은 일이 되기도 하고, 또 때로는 안타까운 일을 막기도 하지만 진실을 왜곡해 한 사람을 철저히 무너뜨리기도 한다. 일이 벌어진 후, 그저 한바탕 오해였음을 발견할지라도 이미 여기저기로 퍼 나르고 공유한 잘못된 정보는 '줄 끊어진 연'처럼 다시 돌릴 방법이 없다.

얼마 전 뉴스에서 떠들썩했던 한 인터넷 쇼핑몰 모델 살인 사건처럼 말이다. 사건 초기, 언론매체에서 용의자의 여자 친구이자 피해자의 친구인 한 여성의 수상한 행적들을 보도하면서 한때 그녀가 용의자로 지목되었다. 그 후 단 며칠 만에 이 여성의 페이스북에는 욕설이 담긴 수만 건의 악성 댓글이 달렸다. 차마 입에 담을 수 없을 만큼 험한 말이 다수였다. 그런데 수사가 진행되면서 사건은 반전을 맞았고, 용의자로 지목됐던 해당 여성은 완전히 혐의를 벗었다. 불타는 정의감에 그녀를 욕하고 비난했던 네티즌들은 자신들이 애꿎은 사람을 욕했다는 사실을 알고 서둘러 댓글을 삭제하며 게시판을 나갔다.

한편 연예인이나 공인과 관련한 뉴스에도 자주 이 같은 현상이 나타난다. 특히 연예인이 술에 취해 추태를 보였다거나, 외도했다거나, 부적절한 말을 한 모습이 카메라에 포착되면, 금세 '국민 총알받이'가 되는 것도 모자라 원래 팬이었던 사람들이 가장 심한 욕을 퍼붓기도 한다. 이런 현상은 또 어떻게 설명할 수 있을까?

팬들은 자신이 믿음과 애정을 쏟은 대상이 부적절한 일을 저지르면 '배신을 당했다'는 생각에 창피함을 느끼는데, 그 왠지 모를 모욕감이 공격성을 띤 행동으로 변모하는 것이다.

연예인이나 공인들이, 부적절한 행동이 발각된 후 그 일이 지극히 사적인 일임에도 온갖 비난에 시달리다 기자회견을 열고, 쏟아지는 카메라 플래시 속에서 '공개 사과'를 하는 모습을 자주 볼 수 있는 이유도 바로 이 때문이다(심지어 어떤 이는 눈물 콧물을 쏟아내며 잘못했다고 용서를 빌기도 한다).

네티즌들이 연예인에게 '공개 사과'를 요구하는 이유는 그 연예인이 좋은 본보기가 되어주지 못했기 때문만은 아니다. 어쩌면 그저 자신들이 '존중'받고 있다는 느낌을 받고 싶어서일 수도 있다. 자신이 옹호하던 연예인이 자신을 창피하게 만들었으니, 그에 대한 대가로 그(그녀)도 똑같이 창피를 당해야 한다는 심리가 작용했을 것이라는 얘기다.

미국의 정신과 의사 제임스 길리건이 제시한 '폭력 이론'에 따르면 '모욕감'은 인간으로 하여금 가장 쉽게 폭력을 행사하게 만드는 상처다. 또한 '모욕감'으로 서로를 통제하는 인간관계에서는 자존심의 상처가 쌓였다 폭발하며 좀 더 강력한 폭력적 반격을 초래하게 된다.

따라서 우리는 좀 더 이성적인 사람, 타인의 '기본적인 자존심'을 지켜줄 줄 아는 사람이 되어야 한다. 정의를 빙자하는 누군가를 따라 이성을 잃고, 자신을 폭력의 가해자로 만들지 말아야 한다는 뜻이다.

그러니 앞으로 정의감을 발휘할 때는 일단 잠시 멈춰 서서 냉정을 찾아라. 그리고 자문하라.

'동기가 무엇인가? 누군가에게 침범당하는 것을 막기 위해 칼을 뽑아 도우려는 것인가? 아니면 그저 그 상황이 불편해서인가?'

질문의 답이 후자 쪽이라면 다시 자문해보아야 한다.

'이렇게 불편한 감정은 어디에서 비롯되었는가? 스스로 불러온 것은 아닐까?'

자신의 행동에 대한 진짜 동기를 분명히 해야 비로소 진정한 정의를 행할 수 있는 법이다.

또한 섣불리 판단을 내려서도 안 된다. 인터넷상에서는 '중첩 효과'가 발행하기 십상이니 '모아보기'를 너무 맹신하지 말고, 긍정적인 것이든 부정적인 것이든 관련 자료를 모두 검색해봐야 한다.

처음에는 이러한 검색 과정이 불편하게 느껴지고 또 거부감이 들 수도 있다. 그러나 이 역시 한 과정일 뿐이며, 이 과정을 지나야만 비로소 어떤 사건에, 또는 사람에 진정으로 '공감'할 수 있다. 단언컨대 '공감'은 '정의의 탈을 쓴 악마'가 되는 것을 피할 가장 좋은 방법이다.

그렇다면 반대로 댓글 폭력과 정의의 탈을 쓴 악마들의 제제에 시달리게 되었을 때는 어떻게 해야 할까?

첫째, TV와 컴퓨터를 꺼 부정적인 정보와의 접촉을 줄이는 것이 좋다. 정보를 접할수록 신경을 쓰게 되고 그만큼 부정적인 감정이 자라나기 때문이다. 물론 억울함이 가득하겠지만, 일일이 설명하거나 설전을 벌일 만한 가치가 있는 일이 아니니 먼저 냉정을 찾아라.

둘째, 지나친 부정을 삼간다. 잘못을 저지르고, 부적절한 말을 했다면, 이를 반성하고 공개 사과를 할 수도 있지만 지나치게 자신을 부정하지는 말아야 한다. 잘못을 저지르고 부적절한 말을 한 나는 그저 자신의 일면에 지나지 않기 때문이다. 게다가 내가 진정으로 달라지고자 한다면, 지난날의 잘못은 더 나은 내가 되기 위한 좋은 계기가 되어줄 것이다.

셋째, 함께 있어줄 사람을 찾는다. 친구, 부모님, 가족 등 불완전한 나를 있는 그대로 받아들여주고, 나의 마음을 보듬어줄 사람이면 된다. 자신이 느끼고 있는 감정을 감춰두지 말고, 그들에게 솔직하게 이야기해보라. 때로는 아무 말을 하지 않아도 누군가 내 곁에 함께 있다는 그 사실이 마음을 안정시켜줄 것이다. 자신의 마음속 감정을 글로 적어봐도 좋다. 그 과정만으로도 부정적인 감정을 몰아내는 데 도움될 테니까 말이다.

마지막으로 정말 문제가 생겼을 때는 전문가에게 도움을 청하는 것을 두려워하거나 부끄럽게 여기지 말고, 심리상담가나 정신과 의사를 찾아가 폭력과 슬럼프에서 벗어날 수 있도록 도움을 받자. 폭력과 따돌림은 폭력적인 생각에서 비롯되며, 정의감을 발휘할 때도 인간의 기본적 존엄을 고려할 필요가 있다. 그러니 다른 사람의 입장에 조금 더 공감해보려 노력하고, 이성적인 사고방식과 감정 조절 능력을 키워 우리의 사회가 좀 더 조화로운 사회로 거듭날 수 있도록 힘을 보태보자.

정의의 탈을 쓴 악마가 되지 않는 방법

STEP 1 ⠶ 일단 잠시 멈춰 서서 냉정을 찾는다. 그리고 자문한다. '동기가 무엇인가? 누군가에게 침범당하는 것을 막기 위해 칼을 뽑아 도우려는 것인가? 아니면 그저 그 상황이 불편해서인가?'

STEP 2 ⠶ 답이 후자라면 다시 자문해본다.
'이렇게 불편한 감정은 어디에서 비롯되었는가? 스스로 불러온 것은 아닐까?'
자신의 행동에 대한 진짜 동기를 분명히 해야 비로소 진정한 정의를 행할 수 있는 법이다.

STEP 3 ⠶ 섣불리 판단을 내리지 말고, 긍정적인 것이든 부정적인 것이든 관련 자료를 직접 검색해본다.

대표성 추론

불확실한 상황이 발생했을 때, 이성과 합리성으로 결과를 추정하기보다는 자신이 기존에 알고 있던 상식이나 직감이 전체를 대표한다고 보고 이를 통해 결과를 추정하는 것을 의미한다. 대표성 추론은 반드시 악의에서 비롯된다거나 100% 감정적으로 이뤄진다고 할 수 없다. 그저 빠른 판단을 위해 가설을 세워두고, 실은 자신의 인식이 그저 가설에 지나지 않음을 자기 자신조차도 알아차리지 못할 뿐이다.

인지부조화

어떠한 일을 했을 때 그 결과가 예상한 바와 달라 두 가지 이상의 모순되는 믿음이나 생각, 가치를 동시에 갖게 되면서 겪는 정신적 불편함을 일컫는다. 인지부조화 이론에 따르면 이러한 불편함을 없애기 위해 사람들은 흔히 3단 반응을 보이는데, 첫째, 자신의 행동에 대한 인식을 바꾸고, 둘째, 자신의 행동을 바꾸며, 셋째, 결과에 관한 생각을 바꾼다.

집단사고(Groupthink)

인간은 사회적 동물로 다른 사람과 더불어 살아갈 필요가 있다. 그런 의미에서 다수의 의견을 따라야 한다는 무언의 압력이 작용하는 것은 지극히 정상적인 일이다. 문제는 동조압력 아래 발생하는 인지부조화의 균형을 맞추기 위해 자신의 신념을 바꿔 다수의 의견이 옳다고 생각하는 현상이 나타난다는 것인데, 심리학자들은 이를 '집단사고'라고 부른다.

감정 환기의 잘못된 귀인(The Misattribution of Arousal)

'구름다리 효과' 또는 '캐필라노의 법칙'이라고도 하며, 감정이 행동의 영향을 받아 오판하게 되는 경우를 뜻한다. 흔들리는 구름다리 중간에 서 있으면 저도 모르게 심장박동이 빨라지고, 주의력이 집중되며, 체온이 상승하고, 호흡이 가빠지는데 이러한 신체적 반응은 첫눈에 반했을 때의 반응과 거의 비슷하다. 이때 아름다운 여성이 나타나면 우리의 대뇌는 이러한 신체적 반응을 아름다운 여성에 대한 설렘이라고 오판하게 된다.

이중 과정 모델(Dual-Process Model)

인간은 어떤 판단을 할 때, 서로 다른 두 가지의 사고 패턴이 동시에 작용한다. 그 두 가지 사고 패턴이란 느낌이나 과거의 경험에 치우쳐 직관과 감정에 기대 판단을 하는 '시스템 1'과 세부 사항에 대한 분석과 비교 및 계산을 통해 판단을 내리는 '시스템 2'를 말한다. 우리가 어떤 판단을 내릴 때 이 두 개의 시스템이 동시에 작용하는데, 대뇌가 이를 하나로 합쳐 선택의 근거로 삼는다.

중첩 효과

하나의 댓글이 논쟁을 불러일으켰을 때, 사건의 본질을 무시한 채 저도 모르게 논쟁에 발을 담그게 되는 심리를 일컫는다. 흡사 '불난 집에 부채질'을 하고 싶어 하는 심리랄까? 거기에 인터넷의 익명성이 더해지면서 사람들은 정당한 이유로 자신의 공격성을 유감없이 발휘하는데, 이는 그렇게 해도 벌을 받기는커녕 '좋아요'가 쏟아지기 때문이다.

필터버블*에서

벗어나는

연습

* 이용자의 관심사에 맞춰 필터링이 된 인터넷 정보로 말미암아
편향된 정보에 갇히는 현상

25 친구가 많아도
여전히 외로운 이유

사회관계망 서비스의 폭격 속에 사람들은 갈수록 혼자 있는 시간을 잃어간다. 그래서인지 사람들은 잠깐이라도 혼자 있는 시간을 견뎌내지 못하며 더 많은 관계를 원한다. 하지만 그럴수록 더욱 초조해질 뿐이다.

SNS를 열어 매일같이 오늘 가진 친구와의 모임이나 내일의 약속 등을 공유하는 사람들이 부러워질 때가 있을 것이다.

'친구 많아서 좋겠다! 이 사람들은 외로울 틈도 없겠지?'

하지만 정작 그들에게 물어보면 의외의 답이 나올지도 모른다.

그렇다! 그저 함께 식사할 사람을 찾자면 스마트폰에 저장된 연락처를 뒤적여 얼마든지 약속을 잡을 수 있지만 그럼에도 그들은 여전히 외롭다고 말한다. 친구는 많지만 마음을 터놓고 이야기할 사람이 없다면서 말이다. 친구도 많다면서 외롭다는 푸념을 늘어놓다니, 배부른 소리 아닐까?

현대인들에게 공통적으로 나타나는 현상 중에 '다 함께 홀로'라는 것이 있다. 함께 모여 있지만 제각각 스마트폰을 들여다보느라 서로 교집합을 이루지 못하고 사실상은 모두 따로따로인 상황을 일컫는 말이다. '다 함께 홀로' 현상은 출퇴근길 지하철에서도 심심찮게 목격된다. 빠른 걸음으로 서로를 스쳐 지나가지 않으면, 이어폰을 귀에 꽂고 저마다 '감각 절연체'가 되어버리기 때문이다. 도시인구는 계속 증가하는데, 사람들 간의 거리감은 조금도 좁혀지지 않았다. 인간의 문명이 오늘날까지 발전해오면서 지금처럼 혼잡하면서도 교집합이 없이 존재하는 상태는 또 처음일 것이다.

펜실베이니아대학교 심리학과에서 빅데이터 연구를 통해 페이스북 유저 수만 명의 연간 게시물을 합산, 가장 자주 사용된 단어를 워드 클라우드로 만들고 이를 유저의 심리 테스트 결과와 교차 비교한 적이 있다. 그 결과 유저의 심리 상태에 따라 자주 사용하는 어휘에 차이가 있는 것으로 드러났는데, 이 중 우울증과 가장 연관이 깊은 단어는 바로 'alone(고독/외로움)'이었다.

2017년 미국심리학회(APA)에서 발표된 최신 연구 결과에 따르면, '외로운' 사람일수록 조기 사망 위험이 커진다. '외로움'이 우리의 건강과 수명에 미치는 부정적인 영향은 이미 '비만'과 별 차이가 없을 정도이며, 이 기세라면 '외로움'이 우리 사회의 건강을 위협하는 가장 위험한 요소 중 하나가 될 전망이다.

그렇다면 우리는 왜 친구가 많아도 외로움을 느끼며, 또 왜 '함께 있으면서도 여전히 홀로'인 것일까?

이는 어쩌면 우리가 자신 곁에 있는 친구들이 내가 원해서 사귄 친구가 아니라고, 혹은 자신의 이상과는 거리가 있다고 생각하기 때문인지도 모른다. 때때로 우리는 인연의 정도로 우정의 깊이를 판단하기 때문이다. 대화가 잘 통하고, 항상 보고 싶은 사람은 자신과 인연이 깊다고 생각하는 반면, 대화가 뚝뚝 끊기고 아무래도 어색함이 느껴지는 사람과는 딱히 인연이 없다고 생각하는 것이다. 하지만 우리가 솔메이트의 기준을 너무 높게 잡아 외로움을 느끼는 것일 수도 있다. 물리적 거리나 외적 현실에서 비롯되는 외로움이 아니라 내적 친밀감과 소속감에서 비롯되는 외로움일 수 있다는 소리다.

믿기 어렵겠지만 심리학 분야에서 '외로움'이라는 문제를 연구하기 시작한 지는 얼마 되지 않았다. 최근에서야 비로소 '외로움'과 개인의 대인관계망 사이의 관계를 토론하기 시작했다.

심리학자들은 인간이 외로움을 느끼는 데 친구의 많고 적음이 그리 큰 관계가 없다고 말한다. 다시 말해서 친구가 많다고 외롭지 않은 것은 아니며, 항상 외로움을 느낀다고 해서 친구가 적다는 뜻은 아니라는 소리다. 때로는 친구나 지인이 많을수록 오히려 더 외로움을 느끼기도 한다.

영국의 인류학자 로빈 던바는 인간이 안정적으로 사회적 관계를 유지해갈 최대치는 150명 정도로, 이를 넘어가면 인지 불안을 유발한다는 이른바 '던바의 수*(또는 던바의 법칙)'을 발견했다. 현대인의 SNS 친구 수는 어쩌면 이를 훌쩍 넘어섰을지도 모른다. 그러나 이러한 친구 혹은 이러한 '관계'를 진짜 '관계'라고 할 수 있을까? 게시물을 확인한 김에 겸사겸사 누르는 '좋아요'와 짧은 댓글들이 정말로 한밤중에 얼굴을 맞대고 이야기 나누는 경험을 대신할 수 있을까?

SNS의 폭격 속에 사람들은 갈수록 혼자 있는 시간을 잃어간다. 그래서인지 사람들은 외로움을 당장에 해결해야 할 문제로 인식하고, 잠깐이라도 혼자 있는 시간을 못 견디며 더 많은 관계를 원한다. 하지만 그럴수록 커지는 초조함에 악순환이 형성될 뿐이다. 아는 것이 많아질수록 바라는 것도 많아져 <u>그저 사람을 사귀고, 누군가 나와 함께 있어주는 것 그 이상, 즉 '나를 알아주는 사람'</u>을 원하기 때문이다. 아무리 많은 친구가 있어도 외로움은 갈수록 짙어지고, 유의미한 관계에 대한 갈증을 해결해주지 못하니 함께 어울릴 여러 명의 친구보다 절친한 몇 명의 친구를 원하기 시작하는 것이다.

그렇다면 사람을 외롭지 않게 하는 절친한 친구란 무엇이며, 유의미한 관계란 또 무엇일까? 연구자들은 우정의 가장 기본적인 요소가 '상호 간의 자기표출(Self-Disclosure)', 즉 자신의 상태에 대한 진술한 교류에서 비롯된다고 지적한다. 다른 사람과 교류를 할 때, 자신에 관한 모종의 정보를 전달하려는 시도가 우리에게 일종의 만족감으로 돌아오는데, 이러한 만족감이 외로움을 어느 정도 해소해주는 역할을 한다.

그런데 이러한 만족감을 얻기란 그리 어려운 일이 아니다. 사람들과 교류할 때마다 서로에 대해 조금 더 알아보려는 노력을 기울이는 것, 그것만으로도 충분하다. 유의미한 교류는 서로를 이해하려는 시도에서 시작되며, 이는 강요가 아닌 끊임없는 자기표출을 통해서만 이루어질 수 있다.

그런 까닭에 친구가 많다고 해도 서로에 대해 아는 것이 많지 않거나, 함께 어울리기는 하지만 서로의 생활이나 취향, 성격에 대해 알려 하지 않고 그저 즐기기만 한다면 자연스레 외로움이 싹틀 수밖에 없다. 반대로 친구가 단 한 명뿐이라도 그의 근황에 관해 속속들이 알고 있고, 상대 또한 나를 깊이 이해하고 있다면 외롭다는 생각을 잘 하지 않게 된다.

그러니 '다 함께 있어도 외로운' 상황에 힘겨운 순간이 온다면 외로움은 외향적 성격이 아닌 '유의미한 교류'와 더 직접적인 연관이 있음을 상기하라. 그런 다음 자신이 어떻게 인간관계를 대하는지를 되돌아보라. 사람들을 쌀쌀맞게 대하고, 반응도 잘해주지 않으며, 방어적으로 굴면서 친구가 별로 없어 외롭다는 말을 항상 입에 달고 살지는 않는가? 타인에게 나의 근황을 공유한다면서 부정적인 푸념만 늘어놓지는 않았는가? 자신의 이야기를 늘어놓느라 상대의 이야기를 무시하지는 않았는가? 말은 많이 하는데 이를 이해해주는 사람이 없어 외롭다고 생각하지는 않는가?

어쩌면 '다 함께 홀로'가 주는 고통을 해결할 방법은 하나일지 모른다. 바로 타인을 이해하고자 끊임없이 노력하는 것이다. 수시로 타인의 근황을 묻고, 자신의 근황도 공유하여 서로 간의 비밀을 줄이고, 적극적으로 유의미한 교류의 기회를 만들어라. 외로워지기 싫다면 먼저 자신의 마음을 열어야 한다.

'다 함께 홀로'에서 벗어나는 방법

STEP 1  자신의 마음을 연다.

STEP 2 수시로 타인의 근황을 물어 그를 이해하려는 노력을 기울인다.

STEP 3 자신의 근황을 공유해 비밀을 줄이고, 적극적으로 유의미한 교류의 기회를 만든다.

26 나를 즐겁게 만드는 일에
촉각을 곤두세워라

모든 사람의 삶이 나를 중심으로 돌아가지는 않으며, 내가 진정으로 타인의 중심이 될 수도 없다. 사람과 사람이 함께할 때는 엇박자가 날 때도 있는 법이다.

당신은 이런 상황에 처한 적이 있는가? 좀 전까지만 해도 왁자지껄 이야기를 나누던 친구들이 내가 지나가자 갑자기 조용해지더니 소곤소곤 귓속말하기 시작하고, 이따금 이상한 눈빛으로 나를 훑어보고…….

이때 당신은 무슨 생각을 했는가? '지금 누구 얘길 하는 거지?', '내 옷에 뭐가 묻었나?', '나를 깜짝 놀라게 할 뭔가를 준비하는 중인가?'라고 생각했는가? 아니면 '뭐야, 날 따돌리는 거야?', '내 흉을 보나!', '내가 뭘 잘못했나?'라고 생각했는가?

이런 상황에 처한다면, 당신은 어떻게 행동하겠는가? 그냥 모른 척, 자리를 피하겠는가? 아니면 끓어오르는 분노에 당장에라도 상대에게 달려가 "야! 너희가 대놓고 나 따돌리는 거 신경 쓰이거든!"이라고 따져 말하겠는가? 만약 부정적인 감정이 이후의 생활과 어떤 일에 대한 결정과 인간관계를 대하는 방식에까지 영향을 미쳤다면 사람과 사람 사이의 믿음에도 문제가 생길 수 있다.

그러나 또 다른 가능성은 없을까? 실은 우리가 '너무 예민한 것'일 수도 있지 않겠느냐는 소리다. 어쩌면 그들은 나를 쳐다본 게 아닐 수도, 또 내 이야기를 한 게 아닐 수도 있지 않을까? 실제로 이러한 심리적 이상 상태를 일컬어 '과민반응'이라고 한다. 대인관계에 대한 과민반응이 있는 사람은 사람과 사건, 사물에 대해 특히 예민하다. 그들은 세심하고, 눈치 빠른 사람으로 비치기도 하지만 때로는 너무 예민한 나머지 대인관계에서 발생하는 여러 신호를 오판하기도 한다. 흥미로운 점은 이들이 쉽게 알레르기 질환에 걸리며, 주의력 결핍 및 과잉 행동 장애(ADHD)와도 어느 정도 연관이 있어 보이는 상황을 만들어낸다는 사실이다.

어떤 이들은 소위 '거부 민감성(Rejection Sensitivity)'을 지녀 타인이 자신을 거부하는 것에 유난히 신경을 쓰기도 한다. 이런 사람들 역시 대인관계에서 나타나는 상황들을 확대해석해 다른 사람들이 자신을 따돌리고 있다고 생각하지만 실은 그렇지 않은 경우가 많다. 대인관계에 대한 과민반응은 우울증을 일으키기도 하는데, 이 인과관계는 역으로 볼 수도 있다. 데이터에 따르면 40%에 육박하는 우울증 환자들이 '비전형 우울증(Atypical Depression)'을 앓고 있으며, 이러한 우울증은 대인관계에서 장기간 배척을 당한 경험에서 비롯된다고 한다. 예컨대 학원폭력과 따돌림을 당한 학창 시절의 경험이 이후 대인관계 장애를 초래해 관계에 지나치게 민감한 사람으로 변모시킨다.

대인관계에 민감한 사람은 사람을 사귀고 함께 어울리는 것에 항상 초조함과 불안함을 나타낸다. 자신이 무슨 말실수를 해 타인에게 비난을 받거나 거부를 당할까 봐 지레 겁을 먹고, 사람들과의 교류에 소극적인 모습을 보이거나 아예 회피하기도 한다. 이러한 현상은 무언가를 공유하고 공헌해야 하는 자리에서 특히 두드러진다. 그들은 진솔한 감정을 나누려 하기보다는 우물쭈물 말을 얼버무리거나, 스마트폰으로 수시로 상대의 SNS를 확인하며 언젠가 상대가 자신을 차단하거나 친구에서 삭제할까 봐 두려워한다.

대인관계에 민감한 사람은 보통 수줍음이 많다. 좋게 말하면 '내성적'인 편인데, 그들의 내성적인 성격은 다른 사람들이 자신의 본모습을 알까 두려워하는 마음에서 비롯되었다고 할 수 있다. 그들은 사람들이 진짜 자신의 모습을 알고 나면 자신을 비난하리라 생각하기 때문이다. 이는 자신감과는 별개의 문제다. 꼭 자신감이 없어서라기보다 상대에게 비난받을 '위험'에 대해 더 민감하게 반응한 결과일 뿐이니까 말이다.

대인관계에 민감한 사람이 성격적으로 냉담하고 내성적인 경향을 보인다는 사실은 인격에 관한 일부 연구 결과를 봐도 알 수 있다. 연구 결과에 따르면 대인관계에 민감한 사람은 '관계'에 관한 정보에 특히 주의를 기울이는 것으로 나타났는데, 그중에서도 자신과 좋지 않은 과거가 있었던 사람에 관한 정보에 특히 예민한 모습을 보였다. 예컨대 어떤 친구가 나를 배신한 적이 있다면 이후 대인관계에서 배신과 관련한 징조에 촉각을 곤두세우는 모습을 보였다. 매일 메시지를 보내 자신의 일상을 공유하던 친구가 언젠가부터 자신의 SNS 게시물에 '좋아요'도 잘 누르지 않는다며 연연하는 식으로 말이다.

요컨대 지나친 예민함이 '친구의 배신' 같은 위협에 대비하기 위해 항상 유의할 필요가 있다고 끊임없이 경종을 울리고, 이에 사람들은 사소한 일들에 일일이 마음을 쏟고, 신경을 곤두세우며, 생각만으로도 자신을 지치게 만드는 것이다.

그렇다면 대인관계에 민감한 사람들은 어떻게 이러한 심리적 장애를 극복할 수 있을까? 심리학자 엘리노어 그린버그는 여덟 가지 방법을 제안하는데, 나는 이를 '예민한 사람이 마주할 수밖에 없는 관계적 사실'이라고 부른다. 대인관계에 민감한 사람이라면 다음의 내용이 귀에 거슬릴 수도 있을 것이다. 하지만 절대적으로 진심에서 우러난 조언이니 마음속에 새겨두고 수시로 상기해보라. 그러면 부정적인 감정들을 조금은 누그러뜨릴 수 있을 것이다.

첫째, 다른 사람과 이야기를 나누기에 앞서 먼저 자기 자신에게 용기를 불어넣으며, '너는 멋져! 다른 사람들이 충분히 좋아할 만한 사람이야!'라고 끊임없이 자신을 상기시켜라. 그러면 이야기를 나누게 되었을 때 부끄러움과 긴장감이 한결 덜해질 것이다.

둘째, 다른 사람과 이야기를 나누는 것이 두려운 이유는 타인의 생각을 지나치게 신경 쓰기 때문이다. 그러니 내 주변에 있는 모든 사람(아는 사람이든 모르는 사람이든, 친한 사람이든 친하지 않은 사람이든)의 말 한마디, 눈빛 하나에 일희일비하며 사는 건 너무 피곤한 일이 아닌지 스스로 자문해보라. 사실 우리는 다른 사람들의 생각에 일일이 신경을 쓰며 살아갈 필요가 없다.

셋째, 다른 건 몰라도 다른 사람의 행동이나 말에는 신경을 끌 수 없는 사람들이 있을 것이다. 하지만 다른 사람의 행동이나 말이 당신을 향한 것이라고 어떻게 장담할 수 있겠는가? 어쩌면 그는 당신을 봐서가 아니라 햇빛에 눈이 부셔서 잠깐 눈을 찌푸렸을 수도 있고, 또 어쩌면 그가 원래 직선적인 사람이라 누구에게나 그렇게 행동할지도 모를 일이다. 상황은 당신이 생각하는 것과 정반대일지 모르니 쓸데없이 상상의 나래를 펼칠 필요는 없다.

넷째, 말실수로 지적을 받았더라도 이를 확대해석하지 말라. 솔직히 사람과 사람 사이의 관계에서 비판을 받거나 무시를 당하는 일은 비일비재하다. 때로는 별생각 없이, 또 때로는 당신을 위해서 그러기도 한다. 상대가 보여준 행동의 배후에는 선의가 깔려 있을지도 모를 일이다.

다섯째, 어쩌면 당신의 추측대로 상대가 정말 고의로 당신을 괴롭히고, 공격하고 있을지도 모른다. 하지만 당신이 알아야 할 것이 있다. 모든 사람의 삶이 나를 중심으로 돌아가지는 않으며, 내가 진정으로 타인의 중심이 될 수도 없다는 사실이다. 사람과 사람이 함께할 때는 엇박자가 날 수도 있는 법이다.

여섯째, 대개 사람들은 당신이 아닌 어떤 일을 겨냥하고 있을 가능성이 크다. 그들은 인신공격을 하지 않고 그저 일에 초점을 맞추었을 뿐이니, 이를 마음에 담아둘 필요는 없다.

일곱째, 초조함과 불안함 때문에 타인과의 공유를 꺼리고, 이 때문에 좋은 인연을, 좋은 기회를 놓친다면 너무 아깝지 않은가?

여덟째, 앞의 일곱 가지를 모두 실천에 옮기지 못할 수도 있다. 그렇다면 타인의 입장에서 그들이 왜 나를 그렇게 대하는지, 내게 고칠 부분은 없는지를 생각해보라. 그리고 다음부터는 그에 주의를 기울여 고치도록 노력하면 된다.

마지막으로 인생의 목표가 무엇인지를 수시로 떠올리며, 자신이 이루고자 하는 일 또는 인간관계에 조금 더 주의를 기울여보자. 그렇게 자신의 주의를 돌릴 수 있는 일, 자신이 완전히 몰입할 수 있는 일을 해보는 것이다. 자신을 즐겁게 만드는 일들에 조금 더 시간을 할애하고, 조금 더 주의를 기울이다 보면, 인간관계 때문에 고민하고, 시기하고, 곤혹스러워할 시간이 없어질 것이다.

대인관계에 대한 예민함이 가져다주는 걱정들을 극복하고 싶다면 먼저 자신의 삶에 조금 더 친절해지는 것부터 시작하자.

대인관계에 대한 민감성이 가져다주는
부정적 감정을 덜어내는 법

WAY 1 🐟 다른 사람과 이야기를 나누기에 앞서 먼저 자기 자신에게 용기를 불어넣는다.

WAY 2 🐟 나에 대한 다른 사람들의 생각에 일일이 신경 쓰지 않는다.

WAY 3 🐟 내가 생각하는 것과 정반대의 상황일지도 모르니 쓸데없이 상상의 나래를 펼치지 않는다.

WAY 4 🐟 말실수로 지적을 받았더라도 이를 확대해석하지 않는다. 별 생각 없이 한 말이거나, 당신을 위해 한 말일 수도 있으니까 말이다.

WAY 5 🐟 모든 사람의 삶이 나를 중심으로 돌아가지는 않으며, 내가 진정으로 타인의 중심이 될 수도 없다는 사실을 인지한다. 사람과 사람이 함께할 때는 엇박자가 날 수도 있는 법이다.

WAY 6 🐟 대개 사람들은 당신이 아닌 어떤 일을 겨냥하고 있을 가능성이 크니, 이를 마음에 담아두지 않는다.

WAY 7 🐟 초조함과 불안함 때문에 타인과의 공유를 꺼리고, 이 때문에 좋은 인연을, 좋은 기회를 놓친다면 너무 아까운 일임을 잊지 않는다.

WAY 8 🐟 타인의 입장에서 그들이 왜 나를 그렇게 대하는지, 내게 고칠 부분은 없는지를 생각해본다. 그리고 다음부터는 주의를 기울여 고치도록 노력한다.

WAY 9 🐟 자신의 인생 목표가 무엇인지를 수시로 떠올리며, 자신이 이루고자 하는 일 또는 인간관계에 조금 더 주의를 기울인다.

27 당신이 꼭 알아야 할 '우정 공식'

아무것도 하지 않고 단순히 얼굴을 보는 횟수를 늘리는 것만으로 타인에게 호감을 얻을 수 있다.

인간관계란 참 복잡하고도 비이성적이다. 단번에 죽이 척척 맞는 사람이 있는가 하면, 날 때부터 상극이었을 것 같은 사람도 있다. 하지만 심리학을 활용할 줄 아는 이에게 누군가와 친구가 되고, 또 관계를 발전시켜 나아갈 수 있느냐는 하나의 '공식' 문제다.

이 '우정 공식'은 전직 미국연방수사국(FBI) 특별수사관이자 심리학자인 잭 셰이퍼와 전 세계적으로 대인관계의 효과에 관한 자문을 하며 작가로도 활동 중인 마빈 칼린스의 공저 《호감 스위치를 켜라》에서 처음 언급되었는데, 비록 학술적인 공식은 아니지만 일상생활에 꽤 효과적이다. 실제로 미국의 정보원이 이 공식을 활용해 다른 나라의 외교관과 친분을 맺고, 정보를 획득했을 정도니까 말이다.

이렇게 얘기하니 무슨 심리전술처럼 들리는가? 따지고 보면 확실히 그런 면이 없진 않다. 그러나 이 공식은 도구인 동시에 흉기가 될 수도 있는 칼처럼 어떤 마음으로 활용하느냐가 관건이다. 개인적으로 나는 이 '우정 공식'이 타인을 알아가는 과정에서 우리가 주의해야 할 포인트를 이해할 수 있도록 도와주는 일종의 지식 패러다임이라고 생각한다. 요컨대 이 우정 공식은 다음과 같은 네 가지 요소로 성립된다.

우정 공식=서로 간의 거리+접촉 빈도+함께 보내는 시간+교류의 깊이

보다시피 공식의 첫 번째 요소는 서로 간의 거리다. '물가에 있는 누대에 제일 먼저 달빛이 비치고, 해를 향해 있는 꽃나무에 꽃이 피기 쉽다(近水樓臺先得月, 向陽花木易爲春)'라는 송나라 시의 한 시구처럼 위치나 관계가 가까운 사람일수록 더 많은 덕을 볼 수 있다는 뜻이다. 그렇다면 상대와 별로 친하지 않을 때는 어떻게 해야 할까? 이럴 때는 상대와 적당한 거리, 즉 서로의 표정을 읽을 수 있지만 몸은 닿지 않는 정도의 거리를 유지할 필요가 있다. 예컨대 커피숍에서 테이블을 사이에 두고 마주 앉는다든지, 서점에서 서가 하나를 사이에 두고 마주 서 있는 정도가 적당하다.

신체적인 근접성(Physical Proximity)은 인간관계에서 매우 중요한 요소다. 그저 사람을 만나는 것만으로도 그 사람과 정을 쌓을 수 있기 때문이다. 따라서 친해지고 싶은 상대가 있다면 무조건 그의 시선이 닿는 범위 안으로 들어가야 한다. 상대가 내게 시선을 주지 않을까 걱정할 필요도, 줄곧 상대를 따라다니며 위협감을 안길 필요도 없다. 그와 같은 공간에 머무는 것이 시작이니까 말이다.

두 번째 요소는 접촉 빈도, 즉 일정 기간 상대가 나를 본 횟수인데,

기본적으로 이 횟수가 많으면 많을수록 좋다. 인간은 새로운 사람이든 일이든 사물이든 상관없이 일단 어떤 대상을 위협적인 존재에서 제외하고 나면 금세 그에 익숙해진다. 그리고 익숙한 것을 다시 자주 접하다 보면 점차 좋아하는 마음이 생긴다.

이것이 바로 행동심리학 분야에서 입증된 심리 현상인 '단순 노출 효과(Mere Exposure Effect)*'의 힘이다. 심리학자들이 이를 '단순 노출 효과'라고 명명한 데는 이유가 있다. 정말 단순히 접촉 횟수를 늘리는 것만으로도 대상에 대한 호감이 정비례로 증가하는 현상이 관찰되었기 때문이다. 다시 말하면 아무것도 하지 않고 단순히 얼굴을 보는 횟수를 늘리는 것만으로 호감을 얻을 수 있다는 뜻이다.

예컨대 인기 가요는 단순 노출 효과를 톡톡히 누리는 대표적인 예라고 할 수 있다. 어떤 신곡이 공개됐을 때, 처음에는 별 느낌이 없다가도 두 번, 세 번 듣다 보니 괜찮게 느껴졌던 경험, 아마 한 번쯤은 있을 것이다. 화장실에 가도, 백화점에 가도, 버스를 타도 흘러나오는 노래에 자신도 모르게 노래를 따라 흥얼거리고, 어느새 그 노래를 좋아하게 되지 않았던가! 이것이 바로 단순 노출 효과의 위력이다.

나도 단순 노출 효과의 위력을 몸소 경험한 바 있다. 얼마 전, '데스파시토'라는 노래가 전 세계적으로 선풍적인 인기를 끌었는데, 맨 처음 그 노래를 들었을 때 나는 별 감흥이 없었다. 솔직히 말하면 편곡이며 노랫가락이 촌스럽다고 생각했다. 하지만 이 노래는 그야말로 대히트를 쳤고, 그 덕분에 작년 여름 미국 곳곳에서 흘러나오는 이 노래를 백번 이상은 들었던 것 같다. 그런데 아시아로 돌아와 처음 라디오에서 이 노래를 듣는데, 글쎄 나도 모르게 어깨를 들썩이게 되는 것이 아닌가!

연예계에 갓 데뷔해 인지도가 없는 신인들이 어떻게든 여러 프로그램에 출연해 브라운관에 얼굴을 비추려 하는 이유도 바로 여기에 있다. 멋진 모습으로 특별한 인상을 남기지 못하더라도 시청자들에게 자주 얼굴을 비추다 보면 호감을 얻기가 쉬워지기 때문이다.

그런 의미에서 '자주 얼굴 비추기'는 우정 공식에서 절대 빠질 수 없는 필수요소다. 그러니 상대가 나를 자주 볼 수 있게 정기적으로 얼굴을 비춰라. 그것만으로도 우정을 쌓아갈 수 있으니까 말이다.

세 번째 요소는 함께 보내는 시간이다. 앞서 언급한 바와 같이 적당한 거리를 유지하며 만남의 빈도를 높이되, 상대와 함께 충분한 시간을 보내야 처음의 낯섦과 어색함을 해소할 수 있다. 이는 아예 말을 하지 않는 것보다 잡담이나 의미 없는 이야기들을 이어가는 것이 낫다고 말하는 이유이기도 하다. 함께 보내는 시간이 길어지면 자연히 '단순 노출 효과'의 영향을 받을 수 있기 때문이다.

《호감 스위치를 켜라》의 저자 잭 셰이퍼는 FBI 근무 당시의 경험을 예시로 들었는데, 그의 이야기는 이랬다. 한번은 그에게 체포된 러시아 스파이를 심문하라는 임무가 떨어졌다. 그 스파이는 매몰차기로 유명했다. 대화를 거부하며 그 누구와도 교류하지 않던 터라 그동안 그와의 접촉을 시도했던 수사관들 모두 실패의 쓴맛을 본 상태였다. 이런 상황을 누구보다 잘 알던 셰이퍼는 매일 아침 식사 시간에 맞춰 그 스파이가 갇혀 있는 감방을 찾아갔다. 그러고는 그 앞에 앉아 말없이 신문을 보다가 식사 시간이 끝나면 다시 말없이 신문을 접고 자리를 떠났다.

이렇게 하루하루를 반복해 몇 주의 시간이 흐른 어느 날, 드디어 그 간첩이 셰이퍼에게 물었다.

"왜 매일 여기에 오는 겁니까?"

"그야 당신과 이야기를 나누고 싶어서죠."

그러고는 보던 신문을 마저 다 보고 곧바로 자리를 떠났다. 다음 날도 셰이퍼는 어김없이 감방을 찾았다. 그런데 그가 막 신문을 펼치려는 순간, 스파이가 먼저 입을 여는 것이 아닌가!

"당신과 이야기를 나누고 싶습니다."

이렇게 셰이퍼는 스파이로부터 순조롭게 정보를 획득할 수 있었다. 물론 보통 사람들 이상의 인내심을 발휘한 결과이기는 하지만 말이다. 요컨대 이 이야기에서 우리가 거울로 삼을 점이 있다. 바로 누군가와 친구가 되려면 반드시 두 사람 모두가 이를 원해야 한다는 사실이다. 상대가 아직 나와 친구가 될 준비가 되지 않았다면 지나치게 적극적인 태도는 삼가야 한다. 상대가 나와 한 공간에 함께 있는 것에 익숙해져야 방어적인 마음을 내려놓고 내게 호기심과 호감을 갖게 되는 법이다.

네 번째 요소는 교류의 깊이다. 생각해보라. 앞의 세 가지 방법으로 타인이 내게 호기심이 동하도록 만들었다면 그 후에는 뭘 할 수 있겠는가? 교류의 깊이를 더할 차례다. 교류의 깊이를 더한다는 것은 언어와 비언어를 동원해 상대와 교류를 함으로써 상대에게 호감을 심어주는 것을 말한다. 이때 보디랭귀지를 통해 말 한마디 하지 않고 호감의 신호를 보낼 방법이 있는데, 그 첫째는 바로 눈을 맞추는 것이다. 대화를 시작하기 전 시간은 짧게, 여러 번 눈 맞춤을 하는 것이 좋다. 물론 두 사람이 서로 모르는 사이일 경우라면, 1초 이상의 눈 맞춤은 상대에게 부담과 불안감을 안겨줄 수 있지만, 대화를 시작한 후라면 눈 맞춤 시간을 늘릴 필요가 있다. 특히 상대의 이야기를 들을 때는 적어도 70%의 시간 동안은 상대의 눈을 바라보고, 나머지 30%의 시간 동안에는 좌우, 위쪽으로 시선을 두는 것을 추천한다. 그러면 상대가 하는 말에 대해 생각하고 있다는 메시지를 전달할뿐더러 시선을 아래쪽에 두는 것보다 훨씬 자신감 있는 사람이라는 인상을 심어줄 수 있다.

둘째는 상대를 만났을 때 가볍게 눈썹을 올리는 방법이다. 인류학자들의 말에 따르면 국가와 민족을 막론하고 전 세계의 사람들이 친분 있는 사람을 만났을 때 무의식적으로 빠르게 눈썹을 움직이는 '눈썹 찡긋하기(아이브로우 플래시)' 동작을 보인다고 한다. 약 1/6초의 짧은 시간 동안 상대에게 '내가 당신을 알아요, 안녕하세요!'라는 신호를 보낸다는 것이다.

이때 상대 또한 똑같이 눈썹 신호를 보낸다면 '우리는 적이 아니에요'라는 뜻이다. 그렇다면 이 방법을 어떻게 활용하느냐? 간단하다. 상대와 눈이 마주쳤을 때, 눈썹을 살짝 올려주기만 하면 된다. 물론 이 동작의 키포인트는 눈썹을 얼마나 높이 올리느냐가 아니다. 그저 눈을 조금만 크게 떠보자. 그러면 눈썹은 자연스레 올라가게 되어 있다.

셋째는 고개를 살짝 기울이는 방법이다. 일본 드라마를 보면 아름다운 여주인공이 남주인공에게 애교를 부릴 때 자주 고개를 갸웃거리는 모습을 볼 수 있다. 그런데 사실 이 동작은 고개의 각도에만 조금 신경을 쓴다면 여성뿐만 아니라 남성들도 얼마든지 활용할 수 있는 보디랭귀지다. 고개를 기울이는 동작은 매우 우호적인 신호이기 때문이다.

다른 사람과 대화를 할 때 고개를 살짝 기울이면 상대는 본능적으로 이를 포착해 나를 믿을 만한 사람, 매력이 있는 사람으로 인식하게 된다(단, 각도가 너무 크면 담이 왔나 보다 생각할 수 있으니 주의하자).

마지막으로 호의를 드러내기에 가장 좋은 신호는 바로 엷은 미소다. 호의를 전하는 데 미소만큼 강력하고 확실한 신호는 없다. 다만 미소를 지으려고 너무 애쓰다 보면 가식적인 미소처럼 보일 수 있으니 주의해야 한다. 인간의 대뇌는 상대가 진심에서 우러난 미소를 짓는지, 가식적인 미소를 짓는지를 본능적으로 판단할 수 있기 때문이다. 그러므로 평소에 자연스러운 미소를 짓기 위한 별도의 연습이 필요한데, 그 방법은 아주 간단하다. 먼저 억지로 미소를 지었을 때와 즐거운 일이나 재미있는 이야기를 떠올린 후 미소를 지었을 때를 모두 사진으로 남겨 두 모습을 비교해보는 것이다. 그렇게 두 사진 속 표정의 차이를 확인했다면 자연스럽게 웃고 있는 사진 속 모습을 참고해 거울을 보며 웃는 연습을 할 차례다. 이렇게 계속 반복해 연습하다 보면 얼굴 근육이 그 미소를 기억해 자연스러운 표정을 지을 수 있다. '웃는 모습이 안 예쁘면 어쩌나, 치열이 고르지 못한데⋯⋯' 같은 걱정은 하지 않아도 된다. 웃을 때 예쁘고, 안 예쁘고를 신경 쓰는 사람은 자기 자신밖에 없을 테니까 말이다. 그러니 웃어라, 그것이 답이다!

'우정 공식'을 이해하고, 이 공식에 포함된 네 가지 요소를 잘 활용할 줄 알게 되면 타인에게 호감을 얻고, 자신이 친해지고 싶은 사람과 가까워질 수 있다. 물론 언제 다가가고, 또 언제 상대에게 여지를 남겨줘야 하는지는 경험과 그때그때의 느낌에 따라야 할 테지만 말이다.

요컨대 거리와 빈도와 시간을 파악한 다음 보디랭귀지(눈 맞춤, 눈썹 찡긋하기, 고개 기울이기, 미소)로 상대에게 호의의 신호를 전달해 호감을 더하라. 실제 사람들과의 교류에 이러한 방법들을 활용하다 보면 처음엔 일부러 신경 써야 했던 것들이 자연스럽게 몸에 배어 굳이 공식을 생각하지 않아도 될 때가 올 것이다. 어느새 친구를 사귀는 일은 숨을 쉬는 것과 같이 자연스러운 일이 되어 있을 테니까 말이다!

　그러니 그저 '아는 사이'라는 범주에서 벗어나 재미있는 친구들을 더 많이 사귀어보자!

**매일
3분
습관**

적극적으로 친구를 사귀는 방법

STEP 1 ✄ 서로 간의 적정 거리를 파악해 이를 유지한다.

STEP 2 ✄ '단순 노출 효과'를 적극 활용하여 상대에게 자주 얼굴을
비춘다.

STEP 3 ✄ 낯섦과 어색함을 해소하기 위해 상대와 함께 충분한 시간
을 보낸다.

STEP 4 ✄ 언어적·비언어적 교류를 통해 상대에게 호감을 심어준다.
보디랭귀지를 활용해 상대에게 호의의 신호를 보내면 호감
도를 높일 수 있다.

우호의 신호, '미소' 연습하기

STEP 1 ✎⊷ 먼저 억지 미소를 지어 그 모습을 사진으로 남긴다.

STEP 2 ✎⊷ 즐거웠던 일이나 재미있는 이야기를 떠올린 후 미소 짓는
모습을 사진으로 남긴다.

STEP 3 ✎⊷ 두 장의 사진을 비교해 차이를 확인한 다음, 자연스럽게
웃고 있는 사진 속 모습을 참고해 거울을 보며 웃는 연습
을 한다.

STEP 4 ✎⊷ 고르지 못한 치열이나 웃을 때 못생겨지는 얼굴은 걱정하지
말고, 얼굴 근육이 그 미소를 기억하게 만든다.

28 바른 마음가짐을 가지면 모두가 당신과 절친이 되려 할 것이다

'인복'은 사람들과의 소소한 교류 속에서 차곡차곡 쌓여간다. 자신의 마음을 다스리는 연습을 할 기회가 하루에도 수백 번 존재하는 셈이다.

최근 고등학교 동창 모임에서 이런저런 이야기를 나누다 학창 시절 유명인사였던 한 친구의 이야기가 나왔다.

"아, 너희 그 아무개 기억나?"

"하! 어떻게 잊겠냐? 농구팀이라고 온갖 무게는 다 잡고 다녔잖아. 어찌나 눈꼴사납던지!"

그러자 다른 친구가 그를 놀리며 말했다.

"그건 네가 부러운 마음에 질투가 나서 그랬던 거겠지! 당시에 그 녀석 싫어하는 여학생이 없었잖아! 네가 짝사랑하던 애도 걔한테 고백했었지 아마?"

"그만해라! 다 지나간 일을…… 근데 그 녀석 요즘 뭐 한대?"

그러나 다들 서로의 눈만 멀뚱멀뚱 바라볼 뿐, 그의 소식을 아는 사람은 아무도 없었다. 그랬다. 다들 그 녀석을 기억했지만, 그와 연락을 하는 사람은 없었다.

순간 나는 문득 궁금했다. 학창 시절 소위 교내에서 잘나가던 친구들은 지금도 여전히 잘 나가고 있을까? 교내 스타였던 그때처럼 사회에서도 존재감을 내뿜고 있을까?

굳이 말하지 않아도 대충 짐작이 가겠지만 꼭 그렇지만은 않다. 학창 시절 교내에서 성적이 가장 우수했다고 해서 그 친구가 꼭 최고 연봉자가 되는 것은 아니라는 얘기다. 이는 최근 미국에서 발표된 한 연구 결과를 통해서도 밝혀진 바다. 해당 연구 결과에 따르면 고등학교를 성적 1등으로 졸업한 사람들이 사회에 나와 중상위급 정도의 성공을 거두기는 했지만, 최상위급의 성공을 거둔 사람은 거의 없었다.

그러나 학창 시절의 교우관계는 성공에 매우 큰 영향을 주었다. 심리학자 존 코이와 케니스 닷지에 따르면 한 아이가 인기 있는 사람으로 성장할지는 아주 일찍, 그러니까 약 7세 정도면 결정된다고 한다. 그런 까닭에 어떤 이는 '인기 왕'으로 태어나기로 한 것처럼 사람들에게 쉽게 호감을 사고, 그가 웃어주거나 관심을 보여주면 이를 자랑스럽게 생각하는 친구들이 항상 주변에 넘치는 반면, 어떤 사람들은 항상 따돌림을 당한다는 것이다.

제2차 세계대전 후, 미국 군대에서 심리 건강에 관련한 문제들을 대대적으로 연구한 바 있다. 그중에서도 중점적으로 다뤄진 문제는 바로 '왜 어떤 군인은 훌륭하게 군생활을 해내고, 또 어떤 군인은 군생활을 제대로 하지 못하며 심지어 불명예제대까지 하는가?'라는 것이었다. 이에 대해 1960년 〈미 육군 메디컬저널〉에 발표된 연구 결과에 따르면 군인이 복역 기간에 제대로 직무를 수행할 수 있느냐 없느냐와 가장 밀접한 관련이 있는 지표는 다름 아닌 초등학교 시절의 인기 정도였다.

초등학교 운동장이나 중·고등학교 체육관에서만 인기가 유용한 것이 아니라 미래의 인생, 즉 직장이나 사무실에서도 중요한 역할을 하는 셈이다.

이뿐만이 아니다. 인기가 있고, 없고는 한 사람의 인생관에도 영향을 미친다. 아동청소년심리를 전문적으로 연구하는 노스캐롤라이나 대학교의 임상심리학과 교수 미치 프린스틴의 연구에 따르면 '어린 시절 인기가 있었다고 기억하는 젊은이'가 자신의 결혼생활이나 직장 내 인간관계, 그리고 자신의 사회적 지위에 대해 비교적 긍정적인 생각을 하고 있을 가능성이 큰 것으로 나타났다. 한편 '어린 시절 인기가 없었다고 기억하는 사람들'은 이와 정반대였다.

인기가 이렇게나 중요하다니, 내 아이만큼은 어떻게든 환영받는 아이로 만들어야겠다는 생각이 드는가? 그렇다면 잠깐! 앞서 얘기한 학창 시절의 그 유명인사를 떠올려보라. 왜 그의 인생은 그리 잘 풀린 것처럼 보이지 않는 걸까? 인기가 중요하다고 했는데 말이다.

미치 프린스틴은 《모두가 인기를 원한다》라는 책에서 '인기'에 관해 논한 바 있는데, 그 역시 연구 과정 중 이와 같은 문제에 맞닥뜨렸다고 했다. 인기를 얻는 것이 그토록 중요한데, 속된 말로 교내에서 날렸던 친구들이 왜 꼭 출세하지 못하는 걸까? 그리고 왜 어떤 이들은 많은 사람에게 관심과 사랑을 받는 동시에 미움을 받기도 하는 걸까?

프린스틴은 소위 '인기'라는 것이 두 가지 유형으로 나뉘기 때문이라고 말한다. 첫 번째 유형의 인기는 '지위'에 대한 것으로 한 사람의 명성이나 재능, 패셔너블함, 잘생긴 외모, 부유한 가정환경, 부모님과 관계가 있다. 두 번째 유형의 인기는 '호감'에 대한 것으로 쉽게 다가갈 수 있고, 괜스레 믿음이 가며, 함께할 때 다른 사람을 즐겁게 만드는 특징과 관계가 있다.

돌이켜보면 청소년 시기, 우리는 소속감과 동질감을 찾는 데 대부분의 에너지를 쏟았다. 다른 사람이 나를 좋아해줬으면 하는 생각에 남들의 시선과 인정에 연연하면서 말이다. 그런데 문제는 바로 여기에서 생겨난다. 타인으로부터 인정을 갈구할 때, 우리는 흔히 유명인사의 표면적 조건을 보고 그들과 같이 눈에 보이는 것들 예컨대 명성이나 지위, 명품 등을 좇기 시작하기 때문이다. 중·고등학교 시절의 풍운아들 중 일부가 멋있는 척을 하고, 심지어 소위 센 척하느라 다른 유명인사들의 행동을 모방하며 객기를 부리는 이유도 바로 여기에 있다.

학생들은 이러한 '지위의 상징성'에 대한 추구를 일종의 '자아 표현'이라고 생각하지만, 어른들은 '사춘기'의 철없는 행동으로 치부하기도 한다. 그러나 발달심리학적 개념에서 보면 이는 자아인지(Self-Cognition)와 집단 소속감 사이에서 벌이는 일종의 협상 과정이며, 대인관계라는 각도에서 보면 일종의 추구 행동이기도 하다. 다만 인정을 추구하는 과정에 많은 사람이 '지위'와 '호감'을 혼돈해 문제가 생길 뿐이다.

맹목적으로 지위를 추구하다 보면 경쟁과 각축이 벌어지게 마련이고, 그러면 결국 지위와 명성을 얻을지라도 적이 늘어날 수밖에 없다. 게다가 학교라는 작은 세계를 벗어나면 우리가 얻은 '지위'는 그 가치를 잃을 수도 있다. 그런데 그럼에도 여전히 같은 '지위'로 외부 세계와 관계를 맺으려 한다면 언젠가는 큰코다치게 마련이다.

그러나 반대로 호감을 추구한다면 그 결과는 달라진다. 과거 반에서 최고 마당발이었던 친구를 생각해보라. 개인적으로 가장 친해지고 싶었고, 지금까지도 가장 그리운 그런 친구 말이다. 생각만으로도 벌써 기분이 좋아지지 않는가? 호감이 있는 친구는 사람들에게 좋은 이미지를 남긴다. 그들은 따뜻하고, 예의 바르며, 너그럽고, 낙천적이다. 또한 쉽게 화를 내는 법이 없고, 모든 사람을 공평하게 대하며, 주변 분위기를 잘 파악하기도 한다. 그리고 무엇보다도 그들은 함부로 사람을 평가하지 않아 그들과 함께할 때면 스트레스를 받을 일도 없다.

얼핏 보면 '호감'은 행동의 결과로 비치기도 한다. 그러나 호감은 우리가 어떤 일을 했는지에 대한 결과라기보다는 왜 그런 행동을 했는지 그 이유에 따른 결과에 가깝다. 한마디로 호감은 마음을 다스린 데 따른 보상인 셈이다.

그리고 다행히도 우리는 학습을 통해 얼마든지 호감이 따라오는 마음가짐을 가질 수 있다.

이를 위해서는 먼저 타인의 동기를 지레짐작하지 말아야 한다. 한 친구와 약속을 했는데, 그가 약속 시간이 다 지나도록 모습을 드러내지 않는 것도 모자라 메시지에도 답이 없다고 가정해보자. 이때 당신은 어떤 생각이 들겠는가? '일부러 바람맞힌 게 틀림없어', '나와 만나기 싫은가 보네', '나는 안중에도 없구나!'라는 생각이 든다면, 이내 화가 치밀어 정작 친구를 만났을 땐 매몰찬 반응을 보일 것이다. 그러나 '무슨 일이 생겼나?', '곤란한 일이 생겼는지도 모르니 어떻게 된 일인지 알아봐야겠다'라고 생각한다면, 친구를 만났을 때 그의 해명을 들어줄 마음이 생길 것이다. 상대가 먼저 지각한 것에 대한 사과도 하지 않고 얼토당토않은 변명을 늘어놓는다면, 다음부터는 그에게 너무 많은 믿음을 주지 않으면 그뿐, 적어도 선입견으로 상대의 죄명을 결정하고 '네가 나를 존중하지 않았으니까'라는 '지위적 사고'로 상대에게 사과를 요구하지는 말아야 한다.

이는 타인이 내게 적의를 품고 있을 거라는 가정은 하지 말아야 한다는 두 번째 방법과도 일맥상통한다. 어떤 사람들은 상황이 불분명한 경우, 일단 타인에게 적의가 있을 거라고 가정한다. 자신도 모르는 사이에 말이다. 그러니 다음번에 곤란하거나 오해의 소지가 있는 상황을 마주한다면 자신이 이미 상대에 대한 선입견을 가지고 있지는 않은지, 타인이 나를 해하려 한다는 가정을 끝낸 것은 아닌지 생각해보라. 그러면 자신이 생각보다 훨씬 자주 이런 생각을 하고 있음을 발견할 것이다. 그리고 이를 자각하고 나면, 상대에 대한 자신의 선입견이나 부정적 가정이 오해에 불을 지피는 도화선이 될 수 있으므로 반드시 검증을 거쳐야 함을 깨달을 것이다.

요컨대 사람들이 가시와 갑옷으로 자신을 무장한 채 타인을 대하는 이유는 과거의 상처를 안고 있기 때문이다. 우리는 모두 과거의 경험에 영향을 받는다. 예전에 따돌림이나 폭력을 당한 경험이 있다거나 인간관계에서 좌절을 맛본 경험이 있다면, 자신이 잘못해서 혹은 자신이 변변치 못해서 타인에게 거부를 당하는 것이라 오인하고, 다른 사람들은 분명 내게 적의를 품고 있을 것이라고 생각하기 십상이다. 이렇게 부정적인 생각들은 워낙 은연중에 생겨나기 때문에 우리 자신조차 자각하지 못할 때가 많다. 하지만 일단 인간관계에서 실패하게 되면 어김없이 우리를 한껏 예민한 상태로 만들어 쉽게 상처받게 하고, 심지어 자신을 보호하겠다고 마음속 적의를 끄집어내게 한다.

관련 실험을 살펴보자. 한 학자가 400명의 청소년에게 학원폭력 영상을 보여준 다음 따돌림을 당한 당사자가 자신이라면 어떻게 하겠느냐는 질문을 던졌다. 그러자 인기가 없는 학생들은 대체로 보복하거나 회피하겠다는 답을 선택한 반면, 인기 있는 학생들은 대화나 행동 개선을 통해 이러한 상황을 탈피하겠다는 답을 선택했다. 다시 말해서 인기가 있고 없고의 차이가 자아성숙의 차이를 만드는 셈이다. 가정이나 다른 곳에서 폭력에 시달리는 아이들이 학원폭력의 가해자가 될 확률이 높다는 사실은 교내 생활지도 선생님들 모두가 알고 있는 사실이다. 그들은 그런 방식으로 자신이 받은 고통을 학교 친구들에게 전가하고 있는 것이다.

그러나 약간의 모험을 감수하더라도 '적의'보다는 '선의'를 선택한다면 얼마든지 이 부정적 소용돌이에서 벗어날 수 있다.

프린스틴 교수가 자신의 저서에 언급한 아주 간단한 실험이 있다. 그는 붙임성이 별로 없는 사람에게 '나는 정말 좋은 사람입니다' 또는 '제게 당신의 미소를 보여주세요'라는 문구가 적힌 티셔츠를 입게 한 다음 거리로 나가 다른 사람들과 이야기를 나누게 하였다. 그러자 행인들은 그들에게 미소를 지었고, 먼저 그들에게 말을 걸어오기도 했다. 하루가 지나고 실험에 나섰던 사람들은 모두 더 자신감이 생기고 입담도 좋아진 듯한 느낌이라며, 실험 과정에서 친구도 사귀었다고 입을 모았다. 무엇보다 가장 중요한 사실은 당일 실험이 끝났을 때, 그들이 모두 즐거워했다는 점이다. 그중 한 실험 참가자는 이렇게 말했다.

"티셔츠 하나가 이렇게 많은 변화를 가져올 줄은 몰랐는데, 앞으로도 오늘의 이 기분을 계속 기억할 수 있었으면 좋겠어요. 티셔츠를 입지 않더라도 오늘 같을 수 있도록."

사실 '인복'은 사람들과의 소소한 교류 속에서 차곡차곡 쌓여간다. 자신의 마음을 다스리는 연습을 할 기회가 하루에도 수백 번 존재하는 셈이다. 그러니 이러한 원칙들을 기억해두었다가 교류할 때마다 스스로 상기시켜라. 당신이 바라보는 세상이 선의로 가득하다면 다른 사람들도 자연스레 당신을 좋아하게 될 것이다.

자 그럼, 붙임성이라는 티셔츠를 입고 얼굴엔 미소를 머금은 채 문을 나서라!

타인과 교류하는 법

STEP 1 타인의 동기를 지레짐작하지 않는다.

STEP 2 타인이 내게 적의를 가지고 있을 것이라고 가정하지 않는다.

STEP 3 타인과의 소소한 교류 속에서 마음가짐을 다잡는 연습을 한다.

STEP 4 교류할 때마다 내가 바라보는 세상은 선의로 가득하다는 사실을 상기한다.

29 인복이 좋아지려면 알아야 할 대화법

'거짓 칭찬'과 '진짜 칭찬'의 차이는 타인의 장점을 높이 사는 데 진심이 있느냐에 달렸다.

　미국의 인터넷 검색 서비스 기업 구글이 직원의 업무 성과 및 업무 만족도에 영향을 미치는 요소에 대해 장기적으로 연구를 진행했다. 그 결과 연봉 인상이나 승진, 복지, 보너스보다도 더 중요한 두 가지 요소가 있는 것으로 나타났는데, 그 첫째는 상사의 건설적인 피드백, 둘째는 직장 내 인간관계였다.

　회사의 문화는 저마다 다르다. 어떤 곳은 대가족 같고, 또 어떤 곳은 조정(朝廷) 같기도 하다. 그러나 회사의 문화가 어떻든 매일 회사에 출근하고 있다면 동료들과 접촉할 기회가 많다는 의미인데, 업무 외적인 시간을 활용해 소위 스몰토크*를 적절히 나눌 줄 알면 호감을 얻어 직장 내 인간관계를 강화하는 데 도움 된다.

　'스몰토크'란 무엇인가? 간단히 말하면 정수기나 커피머신 옆에서, 혹은 점심 시간이나 다른 부서로 회의를 하러 갈 때, 회의를 마치고 돌아올 때, 오후의 커피 브레이크 등에 동료와 함께 나누는 한담을 뜻한다.

캐나다 윈저대학교의 한 심리학 교수가 2015년에 발표한 연구 결과에 따르면 '비공식적인 자리(예를 들면 정수기 옆)'에서 동료와 자주 교류하는 사람이 교류하지 않는 사람보다 인간관계가 좋은 것으로 나타났다. 그뿐만 아니라 상사에게 업무 지시를 받을 가능성이 크고, 도움이 필요할 때도 비교적 쉽게 도움받는 것으로 확인되었다.

여기에는 매우 중요한 원인이 있는데, 이는 내가 이야기하려는 '직장 내 원만한 인간관계를 위한 다섯 가지 포인트' 중 첫 번째 포인트이기도 한 '대면하기'와도 연관이 있다. 참고로 이 다섯 가지 포인트들은 일상적인 대화를 통해 동료와의 우의를 다지고, 그들의 호감을 얻을 방법들로 업무와 인간관계에 모두 큰 도움이 될 것이다. 인간관계에 서툴다고 생각하는 사람들도 지극히 기본적이지만 핵심적인 이 다섯 가지 포인트를 파악하고 나면, 직장 내 '스몰토크'에 대한 생각을 바꿔 사교를 즐기고, 대인관계에 좀 더 적극적인 자신이 될 수 있을 것이다.

각설하고 직장 내 원만한 인간관계를 위한 다섯 가지 포인트를 이야기해보자. 요즘은 메신저의 활용도가 높아진 만큼 저마다 사용하는 메신저에 단체 채팅방 하나쯤은 기본으로 가지고 있다. 예컨대 회사 동료들과 메시지를 주고받는 전용 채팅방처럼 말이다. 물론 메신저 상에서 동료와 이야기를 나누는 것도 서로 간의 관계를 돈독히 할 방법 중 하나다. 그러나 '얼굴을 맞대야' 좀 더 '긍정적'인 분위기를 만들 수 있다. 그렇다. 직장 내 원만한 인간관계를 위한 다섯 가지 포인트 중 첫 번째 포인트는 바로 '대면하기'다. 그러니 두 사람이 메신저 상에서 즐겁게 대화를 나누는 사이라면, 서로 얼굴을 봤을 때 눈짓을 보낸다거나 미소를 지어보자. 이처럼 '나도 알고, 너도 알지'라는 표정을 교환하는 것만으로도 얼굴을 마주하지 않았을 때와는 전혀 다른 느낌을 받을 수 있을 것이다.

　평소 동료의 자리를 지나갈 때 먼저 상대가 바쁜지 안 바쁜지를 살펴보고, 바쁘다면 가볍게 인사를 하고 지나가고, 바쁘지 않다면 몇 마디 더 대화를 나눠보라. 물론 사교에 너무 많은 시간을 할애해 업무를 그르치는 일은 없어야 한다. 상대의 몸이 자신의 책상 쪽으로 돌아가기 시작했다거나 대화를 나눌 때 상대의 몸이 나를 향해 있지 않다면 이는 나와 길게 이야기를 하고 싶지 않다는 제스처다. 그렇다고 기분 나빠할 필요는 없다. 저마다 맡은 바 해야 할 일이 있지 않은가! 그러니 이럴 때는 가볍게 미소를 지으며 "볼일 보세요. 얘기는 나중에 마저 하죠, 뭐"라고 말해보자. 얼굴을 맞대고 이야기할 시간이 필요하기는 하지만 여기에도 '적절한 때'가 있음을 잊지 말아야 한다.

　두 번째 포인트는 '이야깃거리'다. 소소한 이야깃거리를 준비하되, 소문을 화제로 삼지는 말아야 한다. 소문은 잘못 밟으면 터지는 지뢰와도 같기 때문이다. 하지만 그럼에도 사람들이 '지뢰'를 밟는 실수를 범하는 이유는 '동료 사이에 업무 관련 이야기를 제외하고 무슨 공통의 화제가 있겠어?'라는 생각 때문이다. 그러나 한 번 소문을 입에 담기 시작하면 다시 돌리기도 어려울뿐더러 자신이 자리에 없을 때 다른 사람의 이야깃거리가 되지 않을까 하는 걱정까지 생긴다.

　여기저기 소문을 옮기기 좋아하는 사람은 회사 내 최고의 마당발처럼 보이기도 하지만, 사실 사람들이 정말로 좋아하는 사람은 따로 있다. 바로 사교에 능하고, 다른 사람의 말에 귀를 기울일 줄 알며, 항상 '이야깃거리'가 넘쳐나지만 절대 소문을 입에 올리지 않는 사람이다.

소통의 기술 중에 '화제 행렬'이라는 것이 있다. 모든 한담의 주제가 '의(衣), 식(食), 주(住), 행(行), 육(育), 낙(樂)'과 관련한 여섯 가지로 분류된다고 가정하고, '현황, 느낌, 정보'의 세 가지 다른 접근법에 따라 이야기를 나누는 것인데, 이 기술은 일상적인 대화를 나누는 데 특히 유용하다.

음식을 예로 든다면, "평소에 요리를 즐겨 하는 편이세요?", "도시락이 참 맛있어 보이네요!"라고 현황을 묻고, "주로 어떤 요리를 잘 만들어요?", "실제로 도시락 맛은 어때요?"라고 느낌을 물어본 다음, "다음에 그 요리 만드는 법 알려줄 수 있어요?", "당신이 가장 좋아하는 도시락집 소개해줄래요?"라고 정보를 물어보는 것이다.

그렇다. 보다시피 위의 대화는 거의 '질문'에서 시작한다. 상대가 나에게 '현황'과 '느낌' 혹은 '정보'를 알려주면, 나도 그에 대한 대답으로 '현황'이나 '느낌', '정보'를 되돌려주며 대화를 이어나가면 되는 것이다. 좋은 대답이 떠오르지 않는다면 질문의 방향을 바꾸거나 다른 화제로 전환하면 된다. 그러면 대화가 이어지지 않는다고 해도 최소한 상대에 대해 알고 싶어 한다는 뜻을 전달할 수 있다. 이야기를 나누는 상대뿐만 아니라, 진심으로 소통하는 과정을 지켜본 누군가에게서도 호감을 얻을 수 있음을 잊지 말자.

세 번째 포인트는 스마트폰 내려놓기다. 사람들과 대화를 나누다 보면 한창 즐겁게 대화를 나누던 중 누군가의 스마트폰에 알림음이 울려 대화가 중단되는 경우가 종종 있다. 그런데 이때 대화가 중단된 시간이 3초를 넘어서면 상대는 보통 "먼저 볼일 봐!"라고 말하며 자리를 떠난다. 물론 '업무적으로 처리해야 할 중요한 일이 있겠지'라고 이해하면서도 이런 식으로 대화가 중단되면 사실 기분이 썩 좋지 않다. 어쨌든 상대는 나와의 대화보다 스마트폰 메시지에 답을 하는 쪽을 선택했고, 이에 '스마트폰 메시지가 나보다 더 중요하구나'라는 느낌이 들기 때문이다.

그러나 같은 상황이라도 상대의 체면을 세워줄 방법이 있다. 스마트폰 알림음이 울렸을 때, '즉시' 알림을 무음으로 전환한 다음 그대로 가방에 넣어 자신의 시야에서 스마트폰을 치우는 것이다. 메시지를 확인하지도 않고 말이다. 이렇게 하면 상대는 당신이 자신과의 대화에 좀 더 집중하고 싶어 하며, 자신을 상당히 존중해주고 있다는 사실을 깨달아 당신에 대한 좋은 인상을 갖게 된다. 특히 스몰토크를 나눌 때는 당장 메시지를 확인하고 싶다는 충동을 눌러 온전히 현재에, 그리고 서로에게 시간을 내어주자.

네 번째 포인트는 상대에 대한 사소한 것들을 기억하는 데 있다. 사람들과 이야기를 나눌 때면 상대가 내가 한 말을 제대로 들었는지 확신할 수 없는 순간들이 종종 찾아온다. 특히 특정 인물이 "아이가 몇 살이지?"와 같이 똑같은 질문을 반복해서 묻는다면 '벌써 세 번이나 말했었다고!'라는 생각에 기분이 상하게 마련이다.

자신이 정말로 기억력이 좋지 않은 편이라면 주변 사람들에 대한 특징을 딱 하나씩만 기억해보자. 예를 들어 상대가 과일 중에 두리안을 가장 좋아한다고 말한다면 이를 기억해두는 것이다. 그리고 다음에 몇몇 동료들과 외부 미팅을 마치고 돌아오는 길에 아이스크림 가게를 들렀는데 그(또는 그녀)가 무슨 맛을 선택할지 고민하는 모습을 보인다면 그때 이렇게 말하는 것이다.

"여긴 네가 좋아하는 두리안 맛이 없나 보다!"

그러면 이 말을 들은 상대는 당신을 별로 중요하지도 않은 소소한 것까지 기억해주는 세심한 사람이라고 여길 것이다.

꼭 모든 사람의 생일을 기억할 필요는 없다. 적당한 때 상대가 무심코 얘기했던 사소한 것들을 기억하고 있노라 티를 내주면, 오히려 상대에겐 그런 것이 더 큰 감동으로 다가가기 때문이다. 그렇다면 어떻게 해야 사소한 것들을 잘 기억할 수 있을까?

이를 위해서는 강렬한 상상을 동원해볼 수 있다. 예를 들면 동료의 머리가 두리안이라고 상상해보거나 동료가 맨손으로 두리안을 까는 모습, 두리안에 얼굴을 파묻고 게걸스럽게 먹는 모습 등을 상상해보는 것이다. 과장된 상상일수록 기억하기는 쉬워질 것이다. 물론 이런 방법으로 상대가 좋아하는 걸 기억했다는 사실은 상대가 몰라야 한다. 상상력도 기억력도 썩 좋지 않은 사람이라면 스마트폰의 메모장을 활용해보자. '동료 아무개, 두리안을 좋아한다'라고 간략하게 메모를 해두었다가 다음에 그 동료를 만나면 슬쩍 그 메모를 '커닝'해보는 것이다.

한편 내 쪽에서 먼저 지난번에 했던 이야기를 다시 한 번 언급해 팔로업하는 것도 좋은 방법이다. 예를 들어 "지난번에 네가 추천해줬던 식당 가봤어!" 또는 "전에 누구누구랑 갔던 일은 어떻게 됐어?"라고 얘기해보는 것이다. 별것 아닌 듯 보이는 소소한 질문들이지만 이렇게 연관성을 갖는 교류가 '무심한 한담'과 '심혈을 기울인 대화'의 한 끗 차이를 만드니 한번 시도해보자!

다섯 번째 포인트는 '긍정적인 소문'의 사자가 되는 것이다. 사람들은 모두 자신을 칭찬해주고, 이해해주고, 인정해주는 사람과 친해지고 싶어 한다. 요컨대 칭찬은 일종의 기술이다. 그러니 연습을 통해 칭찬하는 법을 아는 사람이 되어보자. 다만 한 가지 여기서 분명히 짚고 넘어갈 점은 "왕 사장님, 오늘 정말 멋져 보이세요!"라든지 "이 비서님 정말 머리가 좋으시네요!"와 같이 마음에도 없는 거짓 칭찬은 하지 말아야 한다는 사실이다. 처음에야 이러한 거짓 칭찬도 기분 좋게 들리겠지만, 나중에는 사람들도 빈말임을 알아차리게 될 테니까 말이다.

'거짓 칭찬'과 '진짜 칭찬'의 차이는 진심으로 타인의 장점을 높이 사느냐에 있다. '똑똑함'이나 '아름다운 미모'만 장점이 될 수 있는 것은 아니다. 그리고 추상적인 것에 대한 모호한 칭찬은 별다른 의미를 주지 못한다. 하지만 상대가 자신의 장점을 어떻게 잘 활용하는지를 관찰해두었다가 "방금 회의에서 하마터면 삼천포로 빠질 뻔했는데, 자네 덕분에 요점을 잘 정리해서 모두의 시간을 절약할 수 있었어"라고 말하는 것은 다르다. 이는 비단 상대의 총명함뿐만이 아니라 일 처리방식까지 칭찬하는 말이기 때문이다.

그러니 다음에 어느 동료를 만나면 그의 장점은 무엇이며, 그의 일 처리방식 중 높이 살 만한 것은 없는지 유심히 관찰해보라. 그러면 전에는 미처 발견하지 못했던 그의 장점이 갑자기 툭 튀어나올 것이다.

앞서 뒤에서 동료의 소문을 이야기하는 것은 되도록 삼가야 한다고 말했지만, 동료의 뒤에서 해도 되는 한 가지가 있다. 바로 동료에 대한 칭찬이다. 다른 사람에 대한 불만을 토로하는 법 없이 먼저 남들을 '칭찬'할 줄 아는 사람이 되면, 자연스레 동료들 사이에서의 평판이 높아지게 마련이다. 특히 상대가 자리에 없을 때, 상대와 직접적인 이익관계가 없음에도 그의 장점을 봐주고 칭찬해준다면, 다른 사람들도 당신을 '도와줄 만한' 사람이라고 생각하게 될 것이다.

옛말에 '일을 하기는 쉬워도 사람답기는 어렵다'고 했다. 그러나 이 다섯 가지 포인트에 조금만 더 주의를 기울이고, 주변 사람들에게 조금만 더 마음을 쓴다면 직장 내 원만한 인간관계를 맺는 데 큰 도움이 될 것이다. 지극히 기본적이지만, 잘만 활용하면 다른 사람들에게 심혈을 기울였다는 느낌을 줄 수 있을 테니까 말이다. 물론 확실히 심혈을 기울여야 제대로 활용할 방법들이기도 하지만 말이다.

요컨대 동료와의 관계에 심혈을 기울이고, 그들을 존중하며, 그들에게 모든 주의력을 기울여라. 가십이나 루머가 아닌 재미있는 이야깃거리를 준비하고, 동료의 특징을 기억하며, 그 장점에 대한 칭찬을 아끼지 않을 때, 자연스레 인복이 따라오는 것을 느낄 수 있을 것이다.

좋은 관계를 맺는 법

STEP 1 ·◈· 볼수록 정이 쌓인다는 사실을 명심하고 사람들과 자주 얼굴을 대면한다.

STEP 2 ·◈· '이야깃거리'를 만들되 소문을 화제로 삼지 않는다.

STEP 3 ·◈· 다른 사람과 대화를 나눌 때는 잠시 스마트폰을 내려놓는다.

STEP 4 ·◈· 상대에 대한 사소한 것들을 기억한다.

STEP 5 ·◈· '긍정적인 소문'의 사자가 된다.

30 '다 함께 홀로'가 되지 않는 SNS 운영 방법

SNS에 휘둘리고 이용당하지 않으려면 SNS상에서의 교류 방법을 이해하고, 올바른 활용 방법을 배워 함께 공존해야 한다.

현대인의 삶은 SNS가 지배하고 있다고 해도 과언이 아니다. 아마 이 글을 읽고 있는 당신도 이 주제에 대해 느끼는 바가 많을 것이다. 페이스북, 인스타그램, 스냅챗, 라인 등과 같은 플랫폼을 사용하며, 이미 이 플랫폼들의 장단점에 대해 잘 알고 있을 테니까 말이다.

확실히 이러한 플랫폼들은 삶의 각기 다른 시기에 사귄 친구들과 한곳에서 연계할 수 있는 장소를 제공하고, 곁에 없는 가족과 실시간으로 대화를 나누게 해주며, 같은 취미나 관심사를 가진 사람들과 교류할 수 있게 해준다. 그러나 이와 동시에 나의 개인정보가 해당 플랫폼의 상품이 되어 광고주들에게 팔아 넘겨지기도 한다. 이러한 연산법에 의해 개인 성향에 맞춘 필터버블이 형성되어 사회적 대립을 가중시키기도 하고, 진짜 뉴스와 거짓 정보의 공존을 가능케 하기도 한다.

최근 발표된 여러 심리학 연구에 따르면 페이스북이나 인스타그램 같은 SNS 사용 시간이 긴 사람일수록 '우울감'과 '부정적인 생각'을 가지고 있을 확률이 높다고 한다. '다른 사람과 나를 비교할수록 화가 나기 때문'이다. SNS는 시시각각 남들과 나를 비교할 수 있는 공간이다. 사람들은 이곳에서 '좋아요' 수를 비교하고, 팔로워의 수를 비교하고, 게시물의 공유 횟수를 비교한다. 그렇다 보니 다들 자신의 가장 좋은 면을 드러내려 한다. 우리가 SNS에서 몬테카를로로 자동차 경주를 보러 가고, 인기몰이 중인 새 레스토랑에서 식사하는 친구의 사진들을 볼 수 있는 이유는 바로 이 때문이다. 나는 아무리 예약을 시도해도 번번이 실패했던 곳인데, 동료는 어떻게 예약에 성공했을까? 하물며 이웃집 아주머니도 아이슬란드로 여행을 가는데, 나는 사무실에서 여행사 사이트만 뒤적거리는 신세니 어떻게 의기소침해지지 않을 수 있겠는가?

SNS에는 본질적으로 소위 '좋은 삶'의 일면을 반영하기 때문에 사람들은 이곳에 '물질적인 풍요'를 향한 온갖 욕망을 고스란히 드러낸다. 하지만 이는 신기루에 불과하다. 물질적인 풍요를 좇는 삶은 진정한 즐거움을 가져다주지 못한다. 이는 몸값이 수억에 달하면서도 온종일 노발대발 화를 내는 사람들만 봐도 알 수 있는 사실이다.

소위 인플루언서들의 SNS를 보면 마치 완벽한 꿈속에서 사는 사람처럼 화려한 사진들이 잔뜩 올라와 있다. 그들은 이런 사진들로 빠르게 팔로워와 '좋아요' 수를 늘리고, 영향력도 높인다. 하지만 그렇다고 해서 그들에게 인복이 많은 것은 아니다.

요즘엔 좀 더 심플한 삶을 살겠다며 이러한 플랫폼을 떠나는 사람들도 있는데, 솔직히 나는 이런 방법을 추천하지는 않는다. 다른 도구들이 그렇듯 SNS도 잘만 활용하면 좋은 시너지를 낼 수 있다고 생각하기 때문이다. 실제로 나는 SNS를 십분 활용해야 하는 일을 하고 있지만, 몇 가지 요점을 파악해 SNS의 포로가 되지 않았다. 그 요점이란 서로에게 가장 편안한 소통의 정도를 찾는 것인데, 내가 SNS를 운영하는 데 활용 중인 몇 가지 방법들을 소개하자면 이렇다.

첫째, 다양한 친구 그룹을 만든다. 일할 때나 일상생활을 할 때나 혹은 창작 활동을 할 때나, 곁에 있는 친구들과의 소통 과정에서 우리는 새로운 아이디어나 영감을 얻는 등 많은 도움을 받을 수 있다. 어떤 이들은 친구들과의 친밀한 관계를 원해 절친들과의 소통에 집중하려 한다. 그래야 자신에 대한 정보를 자유롭게 공유할 수 있다고 생각하면서 말이다. 그러나 연구 결과에 따르면 이 비율은 반대가 되어야 한다. 다시 말해서 낯선 사람과의 얕은 교류가 친한 친구들과의 깊은 교류보다 더 빈번해야 한다는 뜻이다.

유명 기업가이자 경영컨설턴트인 리처드 코치와 벤처투자가 그렉 록우드가 여러 분석 결과를 종합한 후 알아낸 사실이 있다. 바로 우리가 새로운 기회나 돌파구를 찾아 헤맬 때, 절친들보다 '얕은 교류'를 해온 사람들이 오히려 더 도움 된다는 것이다.

왜냐? 절친들과는 이미 잦은 교류를 통해 교환해야 할 정보들을 충분히 공유했기 때문이다. 게다가 절친은 이미 나에 대해 너무 잘 알고 있기 때문에 나와 어떤 지식을 공유할 때, 이를 그대로 전달하기보다는 임의 선별을 한다. 그런 탓에 절친으로부터 완전히 새로운 정보를 접하기는 어렵다. 이는 '필터버블'의 주요 단점 중 하나이기도 하다.

반대되는 목소리를 들을 수 없어 오히려 편견이 깊어지거나 커다란 오판을 할 수 있는 것이다. 그러나 얕은 교류를 통해서는 각기 다른 바운더리에 속한 사람과 사건과 사물을 접하기 때문에 신선한 충격이나 아이디어, 심지어 새로운 기회를 얻을 수 있다.

스탠퍼드대학교 사회학과 교수 마크 그라노베터의 말에 따르면 미국 사회에서는 아직도 대부분의 사람이 관계에 의존해 일자리를 찾고 있다. 하지만 그중 절친을 통해 일자리를 구한 경우는 전체의 1/6일 뿐, 나머지는 모두 별로 친하지 않은 사람들을 통해 기회를 획득했다고 한다.

그렇다면 SNS라는 플랫폼에서 얕은 교류를 통해 기회를 만들려면 어떻게 해야 할까? 여기에는 간단한 SNS 운영 기술이 필요한데, 그 기술은 바로 '항상 질문을 던지는 것'이다. 너무 바보 같은 질문만 아니라면 별로 친하지도 않은 친구들이 조언을 아끼지 않는 모습에 의아할 정도로 진지하게 당신을 돕고자 나서는 사람이 많을 것이다. 게다가 나의 질문으로 토론이 시작되고, 여러 의견이 두루 모이다 보면 다른 사람을 도울 기회도 생길 수 있다!

최근 내 페이스북에 아이의 가정교사를 찾는다는 글을 올린 적이 있다. 그 게시물을 보고 많은 친구가 댓글을 남겼는데, 그중에는 평소에 자주 연락하지 않는 이도 적지 않았다. 하지만 결과적으로 나는 그들에게 좋은 가정교사 후보를 추천받을 수 있었다. 그런데 나의 절친 몇 명은 내게 이런 댓글을 남겼다.

'네가 직접 가르치면 되잖아!'

흥미로운 사실은 한 친구가 자신도 가정교사를 구하고 있다고 해서 내가 얻은 정보를 다시 그녀와 공유했다는 점이다. 다른 사람에게 도움을 받고, 다시 다른 사람에게 도움을 줄 수 있었던 이 좋은 교류는 모두 하나의 '질문'에서 시작되었다.

둘째, 서로 유용한 정보를 주고받는다. SNS상에서도 현실 세계처럼 오는 정이 있어야 가는 정이 있는 법이다. 즉, 내가 얻은 것이 있다면 나도 내어줄 줄 알아야 한다는 뜻이다. SNS에서 여러 유용한 정보를 획득한 후, 나는 이런 생각을 하기 시작했다.

'낯선 사람이 내 피드에서 무엇을 보고 싶어 할까? 어떤 게시물을 봐야 그 사람이 괜찮은 사람일 것 같다는 느낌을 받을까? 단순히 맛집이며 음식 사진이나 멋진 여행 사진은 아니겠지!'

그렇게 생각을 하다 보니 나라면 뭔가를 배우거나 얻을 것이 있었으면 좋겠다는 생각을 할 것 같았다. 그래서 그 이후 나는 SNS에 '유용'하거나 '재미'있는 정보, 또는 '긍정적인 효과'가 있는 정보만을 공유하겠다는 나름의 규칙을 정했다.

그런데 그렇게 하고부터 불과 몇 달 사이에 내 페이스북의 '좋아요' 수는 물론 함께 교류하며 게시물을 공유하는 상대도 배로 늘어났다. 물론 나 역시 그 과정에서 유용한 정보를 더 많이 획득할 수 있었고, 그렇게 교류의 선순환이 형성되었다.

그러니 이 글을 읽고 있는 당신도 자신이 SNS를 통해 무엇을 보고 싶어 하는지, 당신에게 유용한 정보란 무엇일지 생각해보는 시간을 갖길 추천한다. 생각을 마쳤다면 자신에게 유용한 것들을 공유하는 것부터 시작해보자! 어쨌든 SNS의 묘미는 함께 공유하고, 함께 성장하는 데 있지 않던가!

셋째, 연락이 끊겼거나 멀리 떨어져 있는 옛 친구에게 정기적으로 연락을 취한다. 우리는 깊은 교류를 통해 감정적 지지를 얻고, 얕은 교류를 통해 신선한 정보를 얻을 수 있다. 그런데 우리에겐 얕은 듯 깊은 관계도 있다. 그것은 바로 연락이 끊겼던 옛 친구와의 관계다. SNS는 이러한 옛 친구들을 찾을 수 있게 도와주는 고마운 도구다. 하지만 갈수록 늘어가는 SNS 친구들에 밀려 어렵게 찾은 옛 친구와 다시 연락이 끊기지 않으려면 약간의 노력이 필요하다.

그래서 나는 정기적으로 연락이 뜸한 옛 친구를 찾아 그들의 안부를 묻거나 그들의 전문 분야에 대한 가르침을 구한다. 또 가끔은 가상 공간에서 벗어나 친구들과 함께 커피를 마시거나 식사를 하기도 하는데 그렇게 한 날은 보통 하루가 즐겁다. 그러니 SNS라는 플랫폼의 힘을 십분 활용해 얕은 듯 깊은 교류를 이어가길 추천한다.

넷째, 어찌 되었든 실질적인 대화가 필요함을 잊지 않는다. 인터넷 사용량이 많은 일을 하기 때문에 나는 보통 스마트폰의 알림음이 울리면 즉시 확인하는 편이다. 그리고 스마트폰을 보고 있을 때는 외부 세계와 단절된 상태가 된다. 그런 까닭에 내 가족과 아이들은 내가 스마트폰을 들여다볼 때면 몸은 같은 곳에 있지만 마음은 영락없이 다른 곳에 가 있어 자신들과의 사이에 벽이 생기는 느낌이라는 말을 자주 한다.

언젠가 식사 모임에 한 선배가 열 몇 살의 아들을 데리고 온 적이 있다. 그 아이는 자리에 앉은 그 순간부터 스마트폰을 가지고 놀기 시작하더니 장장 두 시간 동안 고개 한 번을 들지 않았다. 심지어 밥을 먹을 때도 아이의 눈은 스마트폰 화면을 향해 있었다. 모임이 끝나고 아이가 조용히 몸을 일으켜 아버지를 따라 식당을 나가기까지 우리는 눈 한 번 마주치지 않았다. 어쩌면 그 아이는 식사 자리에 몇 사람이 함께했는지 모를지도 모른다. 이 얼마나 슬픈 일인가! 만약 이 아이가 자신의 가족들과 세대 차를 느낀다면 그리 놀랄 일도 아닐 것이다.

이 일을 계기로, 나는 하루에 적어도 두 시간 이상은 내가 가장 사랑하는 가족, 친구들과 온전히 시간을 보내기로 했다. 지금도 그 시간 동안만큼은 스마트폰을 꺼놓고 함께하는 시간에 집중하고 있다.

《외로워지는 사람들》의 저자이자 MIT 교수인 셰리 터클은 장기적으로 깊이 있는 관계를 맺으려면 '진정한 대화'가 필요하다고 말한다. 문자메시지나 전화로는 부족하다. 두 사람이 얼굴을 마주하고 교류를 할 때, 우리는 비로소 서로의 어색함을 이해하며 진정한 사회적 관계의 기술을 익힐 수 있고, 상대의 눈을 바라보며 가장 진실한 감정을 교류할 수 있다. 그러므로 실질적인 대화의 필요성을 잊어서는 안 된다.

요컨대 인터넷 세대가 인복을 얻으려면 좋은 질문을 던지고, 유용한 정보를 공유하며, 과학 기술을 충분히 활용해 연락이 끊겼던 친구와 다시 연락을 취하고, 무엇보다도 실질적인 대화가 가장 중요함을 잊지 말아야 한다.

최근 미래 세계를 그린 〈레디 플레이어 원〉이라는 영화를 보았다. 영화 속에는 삶의 중심이 현실 세계에서 가상의 세계로 옮겨진 인간의 모습이 담겨 있다. 그러나 가상현실에서 희로애락을 찾던 영화 속 주인공에게도 가상현실이 아닌 현실 세계에서의 우정과 사랑의 힘이 필요한 상황이 닥치고, 결국 진실성의 중요함을 강조하며 영화는 끝이 난다.

우리가 앞으로 이 영화 속 모습과 같은 미래를 맞이할지는 나도 모른다. 하지만 앞으로 꽤 긴 세월 동안 인터넷과 SNS가 우리 삶의 큰 부분을 차지할 것이라고 확신한다. 그러니 SNS에 휘둘리고 이용당하지 않도록 SNS상에서의 교류 방법을 이해하고, 올바른 활용 방법을 배워 함께 공존해보자!

현실과 가상이 공존하는 세상에서 좀 더 조화로운 삶을 사는 법

STEP 1 다양한 친구 그룹을 만들고 항상 질문을 던진다.

STEP 2 오는 정이 있어야 가는 정이 있는 법이니 '유용'하고, '재미' 있고, '긍정적인 효과'가 있는 정보를 공유한다.

STEP 3 연락이 끊겼거나 멀리 떨어져 있는 옛 친구에게 정기적으로 연락을 취한다.

STEP 4 얼굴을 마주 보고 실질적인 교류를 한다. 두 사람이 얼굴을 마주하고 교류할 때, 우리는 비로소 서로의 어색함을 이해하며 진정한 사회적 관계의 기술을 익힐 수 있고, 상대의 눈을 바라보며 가장 진실한 감정을 교류할 수 있음을 잊지 말자.

31 유머는 연습할 수 있다

타인의 농담을 아무렇지 않게 웃어넘기고, 때로는 자조적인 말로 응수할 수 있으려면 먼저 나 자신을 제대로 이해해야 한다.

몇 년 전, 강연을 부탁받고 한 유명 학교에 갔을 때의 일이다. 교장 선생님은 따뜻하게 나를 맞아주시며 이렇게 말했다.

"우리 집에 선생님 아버님이 쓰신 책이 다 있습니다!"

그러고는 단상으로 올라가 천여 명의 학생들에게 힘차게 소개했다.

"학생 여러분, 저명한 작가님을 모셨으니 뜨거운 박수로 맞아주십시오. 작가 류용 님입니다."

순간 단상 아래에는 어색함이 감돌았고, 학생들은 손뼉을 치며 수군댔다. 아마 교장 선생님이 이름을 잘못 말한 것 아니냐는 이야기를 주고받았을 것이다. 그때까지만 해도 교장 선생님은 자신이 내 이름과 내 아버지의 이름을 혼동했다는 사실을 알아차리지 못했다. 그리고 몇 초 후, 교장 선생님이 자신의 실수를 깨달았을 땐 바로잡기엔 이미 늦은 상태였고, 그 순간 교장 선생님은 당혹감에 휩싸여 그야말로 얼굴이 홍당무가 되었다. 내가 서둘러 마이크를 잡자 소란스럽던 장내는 조용해지기 시작했다.

"여러분, 안녕하세요. 저는 류용…… 님의 아들, 류쉬안입니다."

그러자 학생들은 하하 웃으며 손뼉을 쳤다. 이어서 나는 이렇게 말했다.

"귀교에 도착했을 때, 교장 선생님께서 그러시더군요. 집에 저희 아버지의 모든 저서를 가지고 계시다고요. 그래서 저는 이 자리를 빌려 특별히 교장 선생님께 감사 인사를 전하고 싶습니다. 제 대학교 학비의 일부분을 보태주신 분이니까요!"

그러자 학생들은 크게 웃으며 더 큰 박수를 보내주었다. 강연이 끝난 후, 교장 선생님은 특별히 내게 악수를 청하며 어색한 상황을 재치 있게 넘겨줘서 고맙다고 말했다.

'유머 감각'은 멋쩍음을 감춰주고, 난처한 국면에서 벗어나게 도와주며, 마음의 응어리를 풀어주기도 하는 정말 중요한 능력이다. 그런데 일찍이 심리학계에서는 '유머 감각'에 대해 부정적인 평가를 내렸다. 예컨대 프로이트의 이론에 따르면 유머 감각은 인간이 지닌 일종의 방어기제였다. 인간이 자신의 진짜 생각을 숨기고, 타인을 공격하고자 할 때 유머를 구사한다고 본 것이다. 마치 중국 드라마 〈옹정황제의 여인〉 속 후궁들이 암투를 벌이는 것처럼 말이다.

심지어 일부 심리학자는 이 이론을 바탕으로 유머는 에고이즘과 나르시시즘, 그리고 공격성을 띤 행위이기 때문에 마땅히 이를 삼가야 한다고 주장하기도 했다. 후속 연구를 통해 이러한 이론이 뒤집혔으니 망정이지, 그렇지 않았다면 정말 재미없을 뻔했다.

물론 유머는 공격성을 띨 수도 있다. 하지만 일종의 정서적 표현이 될 수도 있다. '개인적인 감정'을 배제하고, '대화의 분위기'라는 측면에서 생각해보면 유머는 사실 매우 중요한 '조미료' 역할을 한다는 사실을 금방 알 수 있다.

유머 감각을 적절히 활용하면 다른 사람에게 더 좋은 이미지를 심어줄 수 있고, 서로 간의 관계에 친밀감을 더할 수도 있다. 또한 유머 감각은 스트레스나 커다란 슬픔처럼 어려운 순간들을 극복할 수 있게 도와주기도 한다.

어디 이뿐인가? 유머 감각은 나와 타인에게 심리적 이익을 가져다 줄 뿐만 아니라, 신체적으로도 긍정적인 영향을 미친다. 실제로 유머 감각을 잃지 않고 항상 웃으며 사는 사람은 심폐기능과 순환계통이 좋고, 고통을 참아내는 능력도 높은 편이다. 그래서 심리학의 아버지 마틴 셀리그만은 '유머 감각'을 인간의 가장 기본적인 24가지 성격적 강점(24 Character Strengths)*의 하나로 분류하기도 했다.

미국의 희극배우 밀튼 버얼의 말마따나 '웃음은 잠깐의 휴가'다. 그래서 우리가 '유머 감각이 넘치는 사람'을 좋아하고, 코미디 영화의 주인공들이 사랑받는 것이다.

단, 사교 장소에서 유머를 구사할 때는 주의해야 할 세 가지가 있다.

첫째, 남을 놀릴 때는 되도록 상대의 '장점'을 공략해야 한다. 남에게 크게 상처를 주지도, 자신의 품위를 손상하지도 않는 정도의 농담은 긴장된 분위기를 완화하며 삶에 작은 활력을 불어넣기도 한다. 하지만 이때 유의해야 할 점이 있다. 바로 농담을 농담으로 받아들이지 못하고 불쾌함을 드러내는 사람이 생길 수 있다는 사실이다.

농담의 도가 지나쳐서일 수도 있지만, 간혹 상대의 자존심이 너무 강해서 그런 경우도 있으니, 절대 상대의 외모에 대한 농담은 하지 않는다는 것을 기본 원칙으로 삼아야 한다. 예컨대 상대가 자신의 뚱뚱함을 자조하더라도 이에 장단을 맞추거나 한술 더 떠 웃음거리로 삼는 일은 삼가야 한다. 스스로 자신이 뚱뚱하다고 자조 섞인 말을 하는 그도 사실은 유리멘탈일지 모르기 때문이다.

생각해보라. 신체에 장애가 있어 절뚝거리며 걷는 사람을 보고 그의 걸음걸이를 비웃은 적이 있던가? 아마 없을 것이다. 행여 그가 길을 걷다 우스꽝스러운 모습으로 넘어졌다 하더라도 그를 비웃는 사람은 없을 것이다. 왜냐? 그것이 그의 능력적 한계임을 잘 알고 있기 때문이다. 그러나 평소 운동신경도 뛰어난 멀쩡한 친구가 처음으로 스케이트를 배우며 이리 비틀 저리 비틀, 다소 우스꽝스러운 모습을 보여주었다면, 이를 놀리는 건 아무 문제가 되지 않는다. 놀리는 당신이나 놀림을 당하는 친구나 그것이 그의 평소 모습이 아니며, 또 그의 능력적 한계도 아니라는 사실을 알고 있기 때문이다.

그러므로 남을 놀릴 때는 상대가 원래부터 가지고 있던 장점을 공략해 칭찬인 듯 칭찬 아닌 농담을 던져야 한다. 예를 들면 이렇게 말이다. 내 친구 중에 수다를 좋아하는 녀석이 있다. 그는 어디를 가든 금세 무리에 섞여 들어가는 놀라운 친화력을 가졌다. 한번은 친구들과 여행을 계획하다 호텔 지배인에게 뭔가를 요청할 일이 생기면 무조건 그 친구를 보내야 한다는 얘기가 나왔다. 그러면서 다들 자칭 타칭 수다쟁이인 그 친구를 놀리며 말했다.

"갔다가 돌아오는 거 잊지 마라! 딱 세 시간 줄 테니까. 그 정도면 충분하지?"

물론 이는 평소 그가 수다를 좋아하기도 했지만 그만큼 말솜씨도 좋았기 때문에 나온 소리였다. 그러자 그 친구는 재치 있게 대답했다.

"세 시간이면 호텔 방도 공짜로 묵게 해줄 수 있지!"

이 친구는 유머를 구사할 때 지켜야 할 두 번째 원칙인 '자조'를 정말이지 잘 활용할 줄 알았다. 자신감을 가진 사람들은 자신을 낮춰 웃음거리로 만들 때, 비로소 다른 사람들에게 기쁨을 줄 수 있음을 잘 안다. 그리고 어떻게 자기 자신을 웃음거리로 만들어야 하는지 그 방법 또한 잘 알고 있다. 스페인의 정신 및 두뇌, 행동 연구센터(Mind, Brain and Behaviour Research Centre)의 연구 결과에 따르면 자조할 줄 아는 사람이 심리 건강 지표에서 최고점을 획득한 것으로 나타났다. 그들은 쉽게 즐거움을 느끼고, 인간관계에서도 좋은 결과를 내는 편이었다.

자조에 관해 이야기를 하다 보니 호주의 닉 부이치치가 떠오른다. 베스트셀러《사지 없는 삶》과《닉 부이치치의 허그: 한계를 껴안다》의 저자이자 희망과 용기의 대명사인 그는 선천적으로 팔과 다리가 없이 태어나 많은 사람에게 동정 어린 시선을 받았다. 하지만 그는 자신을 불쌍히 여기지 않기로 했다. 그 대신 자신의 신체적 장애를 직시하고 유머 감각을 키워 그 누구에게도 뒤지지 않는 친화력을 가졌다. 한번은 그가 아메리칸 항공사와 함께 만우절 깜짝 이벤트를 진행한 적이 있다. 당시 그는 아메리칸 항공사의 기장 유니폼을 입고, 탑승 게이트에서 승객들을 맞이하며 이렇게 말했다.

"오늘은 제가 비행을 담당하게 되었습니다. 새로운 과학 기술을 이용해 저의 뇌파로 비행기를 운전할 수 있게 되었거든요!"

물론 이는 농담이었다. 비행기가 이륙하기 전 그는 승객들에게 깜짝 이벤트였음을 고백했다. 그런데 흥미로운 사실은 팔다리 없는 그가 기장이라고 하니 확실히 긴장되기는 했다고 인정한 승객은 있어도, 누구 하나 정색하는 사람이 없었다는 점이다. 부이치치가 이렇게 자신을 웃음거리로 삼아 만우절 이벤트를 성공시킬 수 있었던 이유는 그가 강인하고 호감 가는 사람이었기 때문이다. 그리고 이는 그가 심리적 장애를 극복하고, 사람들에게 희망과 용기를 전해주는 전문 강사가 될 수 있었던 이유이기도 하다.

이 세상에 완벽한 사람은 없다. 그저 자신의 체면을 지키기 위해 완벽한 척을 할 수 있을 뿐이다. 하지만 우리가 자신의 약점을 정확히 인지해 이를 받아들이고 유머로 승화할 줄 알면, 우리의 불완전함도 일종의 개성이 될 수 있고, 이를 무기로 타인과의 거리도 좁힐 수 있다.

어린 시절 미국으로 이민 갔을 때 우리 가족은 뉴욕 교외에 거주했는데, 이웃이 전부 백인이었다. 그중 일부 아이는 내가 지나갈 때마다 앞으로 뛰어와 눈을 양옆으로 가늘게 찢고는 "솰라솰라" 하며 중국인 말투를 흉내 내곤 했다. 그러던 어느 날, 더 이상 참을 수 없었던 나는 그들에게 말했다.

"미안하지만 너희 발음 완전 엉망이거든! 우리는 '솰라솰라'라고 안 하고 '콩캉콩캉'이라고 한다고!"

그들은 내 예상 밖의 행동에 잠시 멍해 있더니 이내 하하 웃음을 터뜨렸고, 이 일로 우리의 관계는 전환점을 맞이했다.

그들과 친해지고 나서 나는 그들이 중국 음식점에조차 가보지 않왔다는 사실을 알게 되었다. 맙소사! 한평생 중국 음식을 먹어보지 못한 외국인이라니 믿어지는가? 그래서 나는 그들을 집으로 초대해 우리 할머니가 만든 타이완식 수육을 맛보여주었다. 단, 쓰촨 고추장을 잔뜩 찍어서 말이다. 그 수육을 먹고 매워서 어쩔 줄 몰라 하는 그들의 모습에 나는 배꼽을 잡고 웃었고, 이후 우리는 좋은 친구가 되었다. 만약 처음에 내가 자조 섞인 농담을 하지 않고 정의감에 불타 화를 내며 반박했더라면, 어쩌면 그들과 나는 평생 친구가 되지 못했을지도 모른다.

다시 한 번 말하지만 자신을 깎아내리지 않는 선에서 약점을 유머로 승화해 자조할 줄 알면, 사람들과의 거리를 좁혀 내 주변에 웃음이 끊이지 않도록 만들 수 있다.

마지막으로 '자기반성' 능력을 키워야 한다. 앞서 언급한 사항의 핵심은 결국 하나다. 바로 다른 사람의 농담을 웃어넘기거나 자조 섞인 유머를 구사할 수 있는가는 '자기 자신'을 얼마나 잘 이해하고 있는가에 달렸다는 것이다. 우리는 때로 다른 사람이 무심코 던진 농담에 불같이 화를 내기도 한다. 그들은 아무것도 모른다고, 어떻게 그렇게 바보 같고, 무례할 수 있느냐면서 말이다. 하지만 왜 그렇게 화가 났는지 가슴에 손을 얹고 생각해보면 그 이유는 의외로 간단하다는 것을 알 수 있다. 바로 자신이 마음속으로 가장 걱정하고 가장 약하다고 생각하는 그 부분을 상대가 건드렸기 때문이다.

이럴 때는 '자기반성'을 통해 자신을 좀 더 이해하고, 자신감을 기를 필요가 있다. '자기반성'은 '긍정심리학'과 '마음 챙김' 훈련에서도 매우 중요한 기술인데, 간단히 말하면 '내가 왜 이런 감정이 드는 걸까?'라고 자문해보는 것이다. 자기반성이라고 해서 자기 자신을 비꼬고 헐뜯을 필요는 없다는 뜻이다.

그러니 다음엔 친구의 무심한 농담에 화가 치밀어 오르거든 잠시 멈춰 서서 자문해보자. 그러면 자신이 느끼는 분노의 이면에 그동안 자신이 마주하기 싫었던 약점이 숨어 있었음을 발견할 것이다. 그렇다면 용기를 내어 마주해봄이 어떻겠는가? 친구의 농담이 변화의 시작이 될 수 있도록 말이다. 그러면 언젠가 훗날 그 친구에게 감사할 날이 올지 누가 알겠는가?

그래서 나는 '유머'와 관련한 수많은 명언 중에서도 미국의 유머 작가 리오 로스튼의 이 말을 참 좋아한다.

'유머란 깊이 있는 관찰 결과를 다정하게 전달하는 방법이다 (Humor is the affectionate communication of insight).'

우리의 인생이나 현실의 황당무계함과 우스꽝스러움에 대한 깨달음에 현재의 통찰력을 반영해, 이를 비공식적인 농담조로 다정하게 전달하는 것, 이것이 바로 사람의 마음을 파고드는 유머다!

나는 인생에 대한 통찰력과 친근감과 따스함과 천연덕스러움을 가진 유머러스한 사람이 되고 싶다. 이 책을 읽는 당신 또한 황당하고 비이성적인 인생의 일면을 함께 웃어넘길 수 있는 사람이 되었으면 한다.

유머 감각을 키우는 연습 방법

STEP 1 🍭 남을 놀릴 때는 되도록 상대가 원래부터 가지고 있던 '장점'을 공략해 칭찬인 듯 칭찬 아닌 농담을 던진다.

STEP 2 🍭 '자조'를 적절히 활용한다. 자신을 깎아내리지 않는 선에서 약점을 유머로 승화해 자조할 줄 알면, 사람들과의 거리를 좁혀 내 주변에 웃음이 끊이지 않도록 만들 수 있다.

STEP 3 🍭 '자기반성' 능력을 키운다. 간단히 말하면 '내가 왜 이런 감정이 드는 걸까?'라고 자문해보는 것이다. 자기반성이라고 해서 자기 자신을 비꼬고 헐뜯을 필요는 없다.

32 활짝 핀 꽃이
사람들의 이목을 끄는 법이다

자신을 안테나라고 상상해보자. 그리고 그 안테나를 쭉 뻗어보자. 작고 연약한 꽃봉오리처럼 움츠러든 상태로는 더 많은 신호를 받을 수 없다.

이상적인 짝을 찾고 싶은가? 그렇다면 내게 좋은 방법이 있다. 잘만 활용하면 비단 애정 문제뿐만 아니라 일상생활이나 직장생활, 학교생활에서도 큰 효과를 얻을 방법인데, 나는 이를 '주파수 조정하기(Setting The Right Frequency)'라고 부른다.

우리는 매일 수천, 수만 명의 사람과 스쳐 지나간다. 우리가 미처 알아차리지 못할 뿐 인연을 만날 기회는 언제 어디에나 존재한다는 뜻이다. 그렇다면 그 많은 사람 중 어떻게 자신의 짝을 발견할 수 있을까? 적극적으로 찾아 나서거나 소극적으로 기회가 찾아오길 기다리는 방법이 있을 것이다. 하지만 개인적으로 애정 문제처럼 한마디로 정의 내리기가 어렵고, 감정과 운에 기대야 하는 일의 경우에는 능동적이고 명확한 인식을 가지되, 언제든 좋은 기회를 잡을 수 있도록 마음을 열어두는 것이 가장 효과적인 방법이며, 이때 필요한 것이 바로

'주파수 조정하기'라고 생각한다.

'주파수 조정하기'에는 3단계가 있다. 첫째, 자신만의 주파수를 설정하고, 둘째, 잡음의 방해를 줄이며, 셋째, 마음의 안테나를 펼치는 것이다.

먼저 자신만의 주파수를 설정해야 한다는 의미는 '자신이 원하는 바를 명확히 이해해야 한다'는 뜻이다. 좋은 짝을 만나려면 먼저 '좋은 짝'이 갖춰야 할 조건이 무엇인지에 대해 정의해야 한다. 다른 사람들의 기준에 맞추기 위해서가 아닌 온전히 '나를 위해서' 말이다.

물론 어떤 여성이 '엄친아' 같은 남자를 마다하고, 또 어떤 남성이 예쁘고 착하기까지 한 여자를 싫어하겠는가? 하지만 이러한 조건은 너무 모호하니 좀 더 구체적으로 생각해보기를 추천한다. 예컨대 내가 동물을 좋아하니까 내 짝도 반려동물을 키웠으면 좋겠다든지, 함께 맛집 투어를 다닐 수 있는 사람이었으면 좋겠다든지, 화목한 가정에서 자라 가족들과의 사이가 좋은 사람이었으면 좋겠다는 식으로 말이다.

내적인 조건을 많이 생각해둘수록 자신과 같은 가치관을 가진 사람을 만날 확률이 높아지고, 가치관이 같은 사람을 만나면 오래도록 함께하기가 쉽다. 하지만 그 전에 먼저 자신의 가치관이 무엇인지 명확하게 알아두어야 한다. 아직 잘 모르겠다면 자신의 취미나 취향, 꿈, 계획 등을 참고해보자. 그리고 종이 한 장을 꺼내 하나씩 나열한 다음 자신이 중요하게 생각하는 정도에 따라 순서를 매겨보자. 이렇게 완성된 목록은 다른 사람에게 보여줄 필요 없이 자신의 마음속에 잘 간직해두면 된다.

다음으로 잡음의 방해를 줄여야 한다는 것은 너무 초조해하거나 서두르지 말아야 한다는 의미다. 새해나 명절이면 어김없이 단골 질문들을 받을 것이다.

"만나는 사람 없니?"

이러한 스트레스는 우리의 감정에 영향을 주기 쉽다. 특히 밸런타인데이에 저마다 자신의 연애를 뽐내기 바쁜 친구들을 보고 있노라면 '왜 나만 짝이 없지?'라는 생각이 절로 들 것이다.

부정적인 생각에 주변 친척과 친구들의 이런저런 의견이 더해지면 모두 잡음이 되어 초조함을 불러오고, 판단력을 흐린다. 이럴 때는 좀 더 자신에게 충실한 시간이 필요하다. 자신이 좋아하는 일을 하고, 새로운 기술을 배우거나, 운동으로 체력을 단련해, 더 건강하고 더 평온한 내가 되어야 한다.

지금 하는 일이 자신에게 도움 되는지 어떻게 알 수 있을까? 몸이 가볍고, 정신이 맑으며, 마음이 편안하면 마음속의 자책과 불만의 목소리도 줄어들게 되는데, 그것이 바로 잡음을 줄이는 방법이다.

마음의 평온을 찾는 것은 주파수를 조정하는 데 매우 중요한 부분이다. 생각을 정리한 후 다시 감각기관을 열어 새로운 경험과 기회를 받아들이면 의외의 행운이 찾아올 가능성이 커진다. 날 믿어라. 자신을 소중히 여기는 법을 배워 편안함과 자신감을 찾으면, 주변 사람들도 이를 느끼고 당신에게 매료될 것이다.

마지막으로 안테나를 펼쳐야 한다는 말은 스스로 한계를 정하지 말아야 한다는 뜻이다. 난 '원래 이렇다'고 단정하고, 새로운 경험을 흡수하는 행위를 멈추거나 선입견으로 다른 사람들을 재단하지 말아야 한다.

자신을 일깨울 목표를 가슴에 품되, 열린 태도와 마음을 가질 필요가 있다. 고지식함을 버려야 뜻밖의 수확을 받아들일 공간을 마련할 수 있는 법이다. 사랑이란 언제나 '예상 밖'의 순간에 찾아오지 않던가?

그런 의미에서 새해에 세배하러 가는 풍속은 안테나를 펼칠 좋은 기회가 될 수 있다. 친척 집에 새해 인사 가는 걸 시작으로 바깥 활동을 늘려 여러 사람과 접촉해보는 것이다. 평소에는 낯선 사람을 만났을 때 인사를 건네기가 쉽지 않겠지만, 새해라면 새해 인사를 건네는 것이 그리 어렵지 않을 것이다. 그러니 웃는 얼굴로 "새해 복 많이 받으세요"라고 먼저 인사를 건네보라. 그러면 상대도 웃는 얼굴로 인사를 받아주고, 이를 계기로 교류의 기회가 늘어날 것이다. 사실 매일을 새해처럼 보낼 수도 있다. 긍정적인 마음으로 낯선 사람을 만나면 웃으며 먼저 인사를 건네고, 다른 사람을 대신해 문을 잡아주거나 엘리베이터 버튼을 눌러주는 등의 행동을 취해보는 것이다. 타인을 배려하는 이러한 작은 행동들이 상대에게 좋은 인상을 심어줄 것이다.

한편 안테나를 펼쳐야 한다는 말은 자신의 보디랭귀지에 주의를 기울여야 한다는 의미이기도 하다. 실제로 한 연구 결과에 따르면, 사람들은 개방적인 보디랭귀지를 구사하는 이를 자신감 있는 사람이라고 인식해 그에게 좀 더 매력을 느끼는 것으로 나타났다. 그러니 자신을 안테나라고 상상해보자. 그리고 그 안테나를 쭉 펼쳐보자. 더 많은 신호를 받으려면 작고 연약한 꽃봉오리처럼 움츠러들어 있어서는 안 된다. 활짝 핀 꽃이 사람들의 시선을 더 사로잡는 법이다.

그러니 기억하라. 자신을 위한 주파수를 설정하고, 잡음의 방해를 줄이고, 마음의 안테나를 펼치는 것이 바로 '주파수 조정하기'의 핵심이다.

내 친구 안나는 사회적으로 나름의 성공을 이룬 독립적인 여성이다. 결혼했었지만 예전에 이혼했고, 지금은 혼자서도 이곳저곳을 여행하는 등 나름대로 싱글라이프를 즐기고 있다. 말로는 이제 연애도 질렸다고 하지만 마음 한구석에는 여전히 자신과 함께해줄 누군가를 갈망한다.

안나가 남아메리카로 트레킹하러 갔을 때의 일이다. 홀로 산 정상에 오른 그녀는 아름다운 경관을 발아래 두고 문득 생각에 잠겼다. 그리고 잠시 후, 산 정상에 뿌리내린 나무 밑에 앉아 자신이 바라는 '이상적인 짝'의 조건을 적어보았다. 그 여행을 다녀오고 나서 그녀는 내게 이렇게 말했다.

"전에는 그런 목록을 만드는 게 무슨 소용인가 생각했었거든? 그런데 막상 자리에 앉아 쭉 나열을 해보니까 사회나 다른 사람들이 정해놓은 가치관에서 벗어나 나 자신과 좀 더 진실하게 마주한 기분이 들더라."

그녀가 '이상적인 짝의 조건'으로 나열했던 10여 개의 항목에는 '성숙한 마인드', '돈에 대한 책임감(단, 돈에 인색하지 않은)', '긍정적인 성격과 유쾌함', '용감함과 호기심', 그리고 '잠자리 궁합' 등 그녀가 진심으로 중요하다고 생각하는 것들이 포함되었다. 그녀는 이 목록을 적고 한동안 마음이 편안해짐을 느꼈고, 산에서 내려온 후에는 한동안 이것을 잊고 지냈다.

그 후 다시 얼마의 시간이 흐르고 그녀는 한 남자를 만나 금세 연인 관계로 발전했다. 그 남자는 그녀 자신조차 의아할 정도로 인종이나 키 등의 여러 조건이 예전에 그녀가 좋아했던 남자들과는 너무나 다른 타입이었다. 그런데 그녀는 왜 그에게 반한 걸까?

그러던 어느 날, 안나는 불현듯 자신이 적었던 그 목록이 떠올랐다. 출국 당시 가져갔던 여행 책자에 그 목록을 끼워두었단 사실이 기억난 그녀는 이내 그 목록을 찾아 다시 찬찬히 읽어보았고, 그 결과 놀라운 사실을 깨달았다. 예전에 자신이 중요하다고 생각한 외적 조건들이 당시에 적은 목록에는 단 하나도 포함되지 않았던 것이다. 하지만 놀랍게도 그 목록에 적힌 조건 하나하나가 현재 연인이 가진 특징과 거의 일치했다.

과연 이는 하늘에서 뚝 떨어진 뜻밖의 행운이라고 할 수 있을까? 사실 안나의 이상형과 일치하는 좋은 짝은 어디 먼 곳이 아닌 그녀의 눈앞에 있었다. 그랬다. 그녀가 어둡던 등잔 밑을 밝혀 운명의 상대를 만날 수 있었던 이유는 그녀 자신이 무엇을 원하는지 정확히 알고 있었고, 조급해하지 않았으며, 무엇보다도 자신을 제한하지 않고, 열린 마음을 지니고 있었기 때문이다.

그러니 좋은 짝을 찾고 있다면 절대 허둥대지 말고, 연인이 있다면 그(그녀)와 함께 생각해보라. 안나가 그랬듯 자기 자신에게 '나는 대체 어떤 모습의 연인을 원하는 거지?'라는 질문을 던져보는 것이다. 주파수 조정하기의 초반 두 단계를 완료했다면, 세상을 탐구하러 큰 걸음을 내디딜 때다. 이성적으로 기초를 다졌다면, 그다음은 느낌을 따라 가보는 것도 좋다. 마음을 열고, 진심으로 미소를 지어라. 그러면

언젠가 무심코 고개를 돌렸을 때, 등불이 가물거리는 그곳에 그 사람
이 서 있을지도 모른다.

주파수를 조정해 운명의 상대를 찾는 방법

STEP 1 ✂ '자신이 무엇을 원하는지'를 잘 생각해 자신만의 주파수를
설정한다. 내적인 조건을 많이 생각해둘수록 자신과 같은
가치관을 가진 사람을 만날 가능성이 커진다.

STEP 2 ✂ 너무 초조해하거나 서두르지 말고 잡음의 방해를 줄인다.

STEP 3 ✂ 마음속 안테나를 펼친다. 스스로 한계를 정하지 말고, 자신
의 보디랭귀지에 주의를 기울인다.

33 대인관계를 두려워하는 당신에게 부족한 한 가지

대인공포증을 극복하려면 대뇌가 그 경험을 학습해 익숙해질 때까지, 그래서 더 이상 대인관계를 회피하지 않고 상대와 얼굴을 마주할 수 있을 때까지 한 단계씩 차근차근 스텝을 밟아가야 한다.

많은 친구가 내게 말하곤 한다.

"마땅히 친구를 사귀어야 한다는 것도 알고, 사회생활에서 대인관계가 중요하다는 사실도 알지만, 사교 장소에만 가면 입이 떨어지지 않아. 내가 왜 이렇게 부끄럼을 타는지, 혹시 이런 게 '대인공포증'은 아닌지 의심스러워."

나는 그들의 심정을 이해한다. 여덟 살 때 미국으로 이민 갔을 때만 해도 나는 그 낯선 곳에서 영어 한 마디 뻥끗하지 못했으니까. 내성적인 성격을 타고난 데다 반에서 유일하게 중국말을 하는 아이였던 나는 거의 반년에서 1년 되는 시간을 친구들과 말이 통하지 않는 채로 지냈다. 물론 친구들은 그런 나를 비웃었고, 당시의 경험은 내게 많은 그늘을 남겼다. 하지만 이후 나는 그 그늘에서 빠져나왔다. 매일 영어를 사용해야 하는 환경에 있다 보니 자연스럽게 영어가 늘었고,

별도의 연습을 통해 조금씩 두려움을 떨쳐냈기 때문이다. 하지만 대인관계란 말처럼 쉽지 않을 때가 많은 것이 사실이다. 어떤 이들은 사람들과의 접촉 횟수가 늘수록 사교적으로 변하지만, 또 어떤 이들은 그 관문을 통과하지 못한다. 그렇다면 그들은 왜 대인관계를 두려워하는 걸까?

혼자 낯선 도시로 여행을 떠났다고 상상해보자. 걷고 또 걷다 보니 길을 잃었고, 스마트폰 배터리도 다 나간 상황이다. 이때 전방에 이야기를 나누고 있는 젊은이들이 보인다. 현지 주민인 듯한데, 다들 우람한 체격에 가죽 재킷을 입었고, 몸에는 문신까지 새겨져 있다. 하는 수 없이 그들에게 길을 물어보려는데 그들이 당신이 다가오는 것을 눈치채고 일제히 몸을 돌려 당신을 쳐다본다. 이때 당신은 어떤 기분이 들까?

심장이 달음박질치고, 손에 땀이 차고, 심지어 몸이 떨릴 것 같은가? 이해한다. 그런 상황이라면 대부분의 사람이 긴장감을 느낄 테니까 말이다. 막말로 그들이 당신을 상대해주고 도움을 줄지, 아니면 당신을 비웃거나 해코지를 할지 아무도 모르는 일이 아닌가?

이러한 '불확실성'은 사람을 괴롭힌다. 그런데 대인공포증을 겪는 사람들은 이러한 위협감과 초조함을 매일 같이 느낀다. 낯선 도시에서 우락부락하게 생긴 사람들을 만난 상황이 아니라 집 근처 버스정류장에 서 있는 노부인과 이야기를 나눠야 하는 상황만으로도 초조함을 느끼고, 달아나고 싶다는 생각을 하는 것이다.

대인공포증이 있는 사람은 타인과 마주했을 때 생각조차 마비될 정도로 불편한 마음이 극에 달한다. 한마디로 생존을 위협받을 때와 비숫한 심리 상태가 되어 상대와 제대로 교류할 수 없는 지경에 이른다. 이때 그들의 눈에는 상대가 아니라 왜곡된 거울 속 겁에 질린 자신의 얼굴이 보이기 때문이다.

어쩌면 내가 든 예가 너무 극단적이라고 생각하는 사람도 있을 것이다. 낯선 도시에서 길을 잃었을 때, 사람들은 보통 길을 잃은 채로 걷고 또 걸어 친절하고 마음씨 좋아 보이는 사람들을 찾아 나설지언정 불량배처럼 생긴 사람들에게 길을 물어보지는 않으니까 말이다. 그런데 실은 이와 유사한 경험이 대인공포증을 갖는 원인이 되기도 한다. 다시 말해서 대인공포증이 있는 사람은 아주 오래전(아마 자기 자신조차도 기억하지 못하는) 어느 사교 장소에서 공포와 불안을 느껴 본 경험이 있을 것이며, 그런 까닭에 사교 장소를 피하게 됐을 것이라는 뜻이다. 일단 상황을 모면하면 즉각적으로 마음의 초조함을 가라앉히고 한숨을 돌릴 수 있기 때문이다. 문제는 이러한 상황이 반복되면서 '사회생활에 긴장감을 느낄 때마다 이를 피하니 좋더라'라고 우리의 뇌가 학습하게 되고, 이것이 조금씩 습관으로 자리 잡으면서 그렇게 대인관계를 피하는 고수가 되어버린다는 사실이다. 하지만 우리는 모두 알고 있다. 일적으로든 개인적으로든 혹은 감정적으로든 이것이 장애가 된다는 사실을 말이다.

대인공포증을 가진 사람은 낯선 도시에서 길을 잃은 것처럼 자신과 대화를 나눠줄 사람을 찾길 갈망하지만, 모든 사람이 불량배처럼 느껴진다.

사실 대인관계에서 긴장감을 느끼고, 낯선 사람과 낯선 무리를 마주할 때 초조함을 느끼는 건 지극히 정상적인 일이다. 하지만 이러한 초조함이 다른 사람과 대화를 나눌 수 없을 정도로 못 견디게 커서 어떻게든 달아나고 싶다는 생각이 든다면 도움과 개선이 필요할지도 모른다. 그렇다면 어떻게 대인공포증을 극복할 수 있을까(단, 내가 언급하는 대인공포증 극복 방법은 자폐증이나 우울증 또는 기타 정신이상 증세를 보이는 환자에게는 해당하지 않는다. 이런 사람들에게 관찰되는 대인공포증은 특정 상황에 대한 부작용일 가능성이 있으므로 정신과 의사를 찾아가는 것이 바람직하기 때문이다)?

가벼운 대인공포증과 초조함에는 인지행동 요법*(약칭 CBT)이라는 치료법이 큰 도움이 된다. 전통적으로 심리 치료라고 하면 먼저 정신분석을 하는 것과 달리 CBT는 '행동 치료'에서부터 시작한다. 행동을 바로잡는 동시에 자신의 감정을 인식하고 이해하는 과정을 거치는 것이다. 혼자서 하는 인지행동 요법 시행 방법은 다음과 같다.

첫째, 심호흡을 연습한다. 심호흡은 신체적 스트레스반응을 낮추는데 도움을 준다. 하지만 사람들은 보통 긴장을 하면 호흡이 빨라져 얕은 숨을 쉬게 되고, 이것이 다시 긴장감을 높이는 역효과를 초래한다. 그러므로 따로 심호흡하는 연습을 할 필요가 있다.

심호흡 연습법은 간단하다. 천천히 숨을 들이마시고(최소 4초), 다시 천천히 숨을 내쉬면 된다(역시 최소 4초). 서두르지 않고 이를 반복적으로 연습하다 보면 초조함이 밀려올 때 약간의 안정을 찾아주는 아주 훌륭한 '응급키트'가 될 것이다. 그러니 자신이 곧 이성을 잃을 것 같은 느낌이 들 때는 잠시 조용한 곳을 찾아 심호흡으로 마음을 진정시켜라.

둘째, 일상생활에서 있을 법한, 또는 대인관계 중 자신에게 초조함이나 두려움을 주는 상황들을 나열해 점수를 매겨본다. 100점 만점에, 그 상황이 주는 초조함과 두려움의 정도에 따라 점수를 달리 매겨보는 것이다. 예를 들면 클라이언트와의 미팅에서 느끼는 긴장 정도가 60점이라면, 동료와의 모임은 30점, 상점에서 점원과 대화하기는 15점, 낯선 사람에게 길 물어보기는 50점, 짝사랑하는 상대에게 고백하기는 100점+a라는 식으로 말이다. 요컨대 일상생활에서 마주칠 수 있는 다양한 상황을 되도록 많이 나열해 하나하나 점수를 매겨봐야 한다.

점수를 다 매긴 후에는 낮은 점수에서 높은 점수로 정리해 이를 연습 과제로 삼아볼 수 있다. 대인공포증을 극복하려면 대뇌가 그 경험을 학습해 익숙해질 때까지, 그래서 더 이상 대인관계를 회피하지 않고 상대와 얼굴을 마주할 수 있을 때까지 한 단계씩 차근차근 스텝을 밟아나가야 한다. 그러니 가장 간단한 것에서부터 시작해보자. 예를 들어 점수가 가장 낮은 '상점에서 점원과 대화하기'를 목표로 상점에 가서 점원과 대화를 시도해보는 것이다. 너무 긴장한 나머지 어리바리한 모습을 보인다고 해도 상관없다. 중요한 건 연습이니, 달아나지 않고 목표를 달성하면 그것으로 그 관문은 통과다!

물론 목표를 설정할 때는 되도록 구체적이어야 한다. '다음 회의 때는 좀 더 적극적으로 발언하고, 적극적으로 참여하기'라고 목표를 설정하기보다는 '다음 회의 때는 적어도 두 번은 자발적으로 발언하기'라는 목표가 더 낫다.

이 과정 중엔 분명 난관도 있을 것이다. 어떻게 해도 해결할 수 없는 과제가 있을 거라는 뜻이다. 이럴 때는 해당 과제를 잠시 뒤로 미뤄놓고 다른 것부터 도전하거나 과제의 난도를 낮춰도 좋다. 예컨대 모임에 참가해야 한다면 반드시 세 명 이상의 낯선 사람과 5분간 대화해야 한다는 강박을 버리고 '모임에서 한 사람과 5분간 이야기를 나눠보자'라고 마음먹어보는 것이다.

이때 특별히 주의해야 할 점은 '보상행동'을 해서는 안 된다는 점이다. 예를 들어 긴장을 던답시고 먼저 술을 마신다거나, 줄담배를 피운다거나, 선글라스를 착용해야만 문밖을 나서는 등의 행동은 금물이다. 이렇게 하면 다른 사람들을 마주할 때 오는 초조함을 줄이는 데 도움을 줄 수 있을지는 몰라도, 결코 건강하지 못한 행동이니 각별히 주의해야 한다. 그렇지 않으면 도리어 다른 나쁜 습관이 생길지도 모른다.

그리고 또 한 가지, 이성적으로 자신에게 용기를 북돋아보길 추천한다. 대인공포증이 있는 사람들은 대개 '그들은 나를 바보 같다고 생각할 거야', '그들은 나를 좋아하지 않을 거야'라는 부정적인 생각을 한다. 하지만 이는 자기 자신을 겁주는 행동일 뿐이니 마음의 목소리를 달리해보자. '나는 재미있어. 알고 지낼 만한 사람이야', '내가 친해지면 사실 귀여운 면이 있지. 다른 사람들도 그런 내 모습을 발견해줬으면 좋겠다'라고 자신에게 말해보는 것이다. '그들은 분명 나를 사랑하게 될 거야', '그들은 내가 최고라고 생각할 거야'와 같이 자신을 지나치게 이상적으로 포장할 필요는 없다. 이성적이되 긍정적인 태도로 자기 마음의 목소리를 대하면 그것으로 충분하다.

마지막으로 미국에서 대학을 다닐 때, 크고 작은 사교 모임에 큰 도움을 주었던 개인적 기술 하나를 소개할까 한다. 칵테일 파티처럼 낯선 얼굴들이 가득한 모임에 참가할 때, 나는 내가 탐조등이 되었다고 상상했다. 나의 역할은 다른 사람들의 가장 아름다운 부분을 비추는 것이며, 나에게 빛을 받은 사람은 무대에 선 배우와 같이 스포트라이트를 받고 주인공이 될 수 있다고 말이다. 이렇게 상상하고, 또 그대로 행동하자 나도 모르게 어색함에서 벗어나 사람들과 한데 어울릴 수 있었다.

그러니 당신도 마음속의 탐조등을 꺼내 타인의 가장 좋은 면을 비춰보길 바란다. 이를 행동으로 옮겨 꾸준히 연습한다면 한 단계 한 단계 스텝을 밟아 언젠가는 자연스럽게 모임의 빛 같은 존재가 될 수 있을 것이다.

가벼운 대인공포증과 초조함을 극복하는 방법

STEP 1 심호흡을 연습한다. 연습법은 간단하다. 천천히 숨을 들이마시고(최소 4초), 다시 천천히 숨을 내쉬면 된다(역시 최소 4초).

STEP 2 일상생활에서 있을 법한, 또는 대인관계 중 자신에게 초조함이나 두려움을 주는 상황들을 나열해 점수를 매겨본다.

STEP 3 점수를 다 매긴 후에는 낮은 점수에서 높은 점수로 정리해 이를 연습 과제로 삼는다. 가장 간단한 것부터 시작해 대뇌가 그 경험을 학습해 익숙해질 때까지, 그래서 더 이상 대인관계를 회피하지 않고 상대와 얼굴을 마주할 수 있을 때까지 한 단계씩 차근차근 스텝을 밟아간다.

STEP 4 목표는 되도록 구체적으로 설정한다.

STEP 5 난관에 부딪혔을 때는 해당 과제를 잠시 뒤로 미뤄놓고 다른 것부터 도전하거나 과제의 난도를 낮춰본다.

STEP 6 긴장을 던답시고 먼저 술을 마신다거나, 줄담배를 피운다거나, 선글라스를 착용해야만 문밖을 나서는 등의 보상행동을 하지 않는다.

STEP 7 이성적으로 자신에게 용기를 북돋는 말을 해본다.

던바의 수

영국의 인류학자 로빈 던바가 주장한 이론으로 인간이 안정적으로 사회적 관계를 유지해갈 최대치는 150명 정도이며, 이를 넘어가면 인지 불안을 유발한다는 내용이다.

대인관계에 대한 과민반응

심리적 이상 상태의 일종이다. 대인관계에 과민반응이 있는 사람은 사람과 사건, 사물에 대해 특히 예민하다. 그들은 세심하고, 눈치 빠른 사람으로 비치기도 하지만 때로는 너무 예민한 나머지 대인관계에서 발생하는 여러 신호를 오판하기도 한다. 흥미로운 점은 이들이 쉽게 알레르기 질환에 걸리며, 주의력 결핍 및 과잉 행동 장애와도 어느 정도 연관이 있어 보이는 상황을 만들어낸다는 사실이다.

단순 노출 효과(Mere Exposure Effect)

심리학자들이 이를 '단순 노출 효과'라고 명명한 데에는 이유가 있다. 정말 단순히 접촉 횟수를 늘리는 것만으로도 대상에 대한 호감이 정비례로 증가하는 현상이 관찰되었기 때문이다. 다시 말하면 아무것도 하지 않고 단순히 얼굴을 보는 횟수를 늘리는 것만으로 호감을 얻을 수 있다는 뜻이다.

스몰토크

정수기나 커피머신 옆에서, 혹은 점심 시간이나 다른 부서로 회의를 하러 갈 때, 회의를 마치고 돌아올 때, 오후의 커피 브레이크 등에 동료와 함께 나누는 한담을 뜻한다. 연구 결과에 따르면 '비공식적인 자리'에서 동료와 자주 교류하는 사람이 교류하지 않는 사람보다 인간관계가 좋고, 상사에게 업무 지시를 받을 가능성이 크며, 도움이 필요할 때도 비교적 쉽게 도움받는 것으로 확인되었다.

24가지 성격적 강점(24 Character Strengths)

마틴 셀리그만은 긍정적인 감정이 성격적 강점과 덕성에서 비롯된다고 보고, 세계의 주요 종교와 문화에서 보편적으로 중시하는 미덕 6가지와 그에 따른 24가지 특징을 분류했다.

1. 지혜: 창의력, 호기심, 통찰력, 판단력, 학구열
2. 절제: 자제력, 신중성, 겸손, 관용
3. 정의: 단체협력, 공정성, 리더십
4. 인간애: 친절성, 사랑, 사교적 지혜
5. 용기: 용기, 끈기, 진실성, 열정
6. 초월: 영성, 유머, 감상력, 감사, 낙관성

인지행동 요법

약칭 CBT, 사고·신념·가치 등의 인지적 측면과 정신신체 행동(Psychomotor Behavior)의 측면에 관련된 개념·원리·이론을 체계적으로 통합하여 부적응 행동을 치료하려는 정신 치료의 경향을 의미한다. 일반적으로 조건화 이론에 근거한 행동 수정과 인지적 접근을 하는 카운슬링 정신 치료의 시도를 가리키는 폭넓은 개념이다. 전통적으로 심리 치료라고 하면 먼저 정신 분석을 하는 것과 달리 CBT는 '행동 치료'부터 시작한다. 행동을 바로잡는 동시에 자신의 감정을 인식하고 이해하는 과정을 거치는 것이다.

성숙한 어른이 갖춰야 할 좋은 심리 습관

초판 1쇄 인쇄 | 2024년 8월 20일
초판 1쇄 발행 | 2024년 8월 30일

지은이 | 류쉬안 **옮긴이** | 원녕경 **펴낸이** | 전영화 **펴낸곳** | 다연
주소 | (10551) 경기도 고양시 덕양구 의장로 114, 더하이브 A타워 1011호
전화 | 070-8700-8767 **팩스** | (031) 814-8769 **이메일** | dayeonbook@naver.com
본문 | 미토스 **표지** | 강희연

ⓒ 다연

ISBN 979-11-90456-59-3 (03320)